PRÉDICTIONS

de Sœur Yvonne-Aimée
de Malestroit

ISBN : 2-86839-102-8

YVONNE A PERÇU D'AVANCE LA DÉFECTION DE SES MEILLEURS AMIS

1. Mère Madeleine et Yvonne

2. L'abbé Bruneau

3. J. de Tonquédec

4. Le Père Crété, S. J.

1. Avec Mère Madeleine, *c'était l'amitié, la confiance, l'échange mystique, merveilleux et sans ombre. Et pourtant une prémonition s'impose :*

Elle m'abandonnera : *18 août 1922.*

Je souffrirai par elle : *22 juillet 1926.*

*Cela se réalisera en 1928-29 (*Vie, *p. 132-137, et ci-dessous p. 108-110).*

*2. L'Aumônier Bruneau était pour elle un confesseur et un guide bienveillant. Elle se reproche « de penser : il finira par douter de moi ! »: 15 octobre 1928. Et pourtant, le 19 avril 1929, le drame éclate (*Vie, *p. 134 ; ci-dessous, p. 111).*

3. Le 3 novembre 1924, avant de le connaître, elle décrit le Père de Tonquédec, l'exorciste auquel elle va être soumise :

« La barbe, des yeux bleus et des cheveux bruns... plutôt petit... j'avais peur de lui, car il paraissait sévère. » *C'est seulement le 19 décembre 1924 qu'elle le rencontrera pour la première fois.*

4. Le Père Crété, son Père spirituel, lui sera enlevé par ordre de Mgr Gouraud, en 1925. Elle l'entrevoit dès le 1er *mai 1923 :* « Je serai bien des années sans pouvoir me confesser à vous, mais cela reviendra, et le Supérieur qui me redonnera cette permission mourra moins de deux ans après *(le Père Datin, Provincial, qui lui redonnera le pouvoir de confesser en 1941, mourra le 26 mars 1943). Elle entrevoit (moins nettement), le 20 janvier 1924, ses doutes sévères de 1943 et son retour à l'évidence :* « Il y aura pour les humbles dont vous serez toujours, des preuves irréfutables. » *Il découvrit effectivement ces* preuves *au début de mai 1943 : les folles prédictions révélaient maintenant leur sens (*Vie, *p. 173-174). Il y retrouvera peu de semaines avant sa mort cette prévision de son ultime visite : « Je pense que vous resterez toujours mon Père, car je vous ai vu assez âgé, vous aviez bien 75 ou 80 ans, et vous étiez au milieu d'Augustines à Malestroit. » (28 octobre 1922). Il y sera en avril 1943, juste avant sa mort (15 juillet 1943).*

PRÉDICTIONS
de Sœur Yvonne-Aimée de Malestroit

UNE VÉRIFICATION EXCEPTIONNELLE DANS L'HISTOIRE DE CE CHARISME

ÉTUDE DE R. LAURENTIN

avec la collaboration de Dom Bernard Billet
et d'une équipe de Sœurs Augustines de Malestroit :
Sœur Marie-Emmanuel; ancienne Supérieure Générale,
Sœur Odile, Sœur Marie-Bernard

O.E.I.L.
12, rue du Dragon, 75006 Paris

Mère Stanislas, Ursuline

Mère Michaël (à gauche), avec Mère Yvonne-Aimée

MÈRE STANISLAS : Yvonne entrevoit cette inconnue, le 19 août 1926 :
— J'étais dans une chambre longue et pavée... J'embrassais une Ursuline de tout mon cœur. Elle était pâle et mince. Jésus nous tenait enlacées. » *C'est cinq ans plus tard, en 1931, qu'elle la rencontrera au couvent des Ursulines de Rome, dans la « chambre longue et pavée ».*
MÈRE MICHAËL : J'ai vu « une grande religieuse, une Augustine (...) près de moi. J'ai demandé à la Sainte Vierge : 'Qui est-ce ?' Je n'ai saisi que deux initiales : M. L. » = *Michaël Leahy (4 juin 1929).*
Elle ne la rencontrera qu'en 1931, ci-dessous p. 117-118.

MONSEIGNEUR PICAUD, ÉVÊQUE DE BAYEUX-LISIEUX

Le 18 août 1922, Yvonne connaît ce futur évêque par avertissement intérieur :
— Cet évêque sera bon pour toi, et toi tu le soutiendras par tes prières et sacrifices, surtout quand il sera dans le pays de sainte Thérèse de l'Enfant Jésus.
Elle ne connaît pas encore Monseigneur Picaud. Il n'est pas encore évêque, il le deviendra en 1925, et sera nommé à Bayeux-Lisieux en 1931. Le 25 mars 1929, Yvonne-Aimée entrevoit la récompense qui sera donnée à ce bon serviteur : « Il aura été facile à Dieu de protéger toute une ville pour épargner un évêque que tu aimes, et qui t'est fidèlement dévoué », *entend-elle le 25 mars 1929. En 1944, Bayeux situé à 10 km du débarquement, sera parfaitement préservé. Ci-dessus, Bayeux et sa cathédrale, et Mgr Picaud,* « le petit évêque ».

L'EXTENSION DE MALESTROIT

« Je ne reconnais plus Malestroit. Il y a des maisons jusqu'à la gare » *dit Yvonne, le 20 octobre 1925. Quoique Malestroit ne soit sur aucun axe de développement et circulation, un quartier s'est construit, qui remplit de maisons la vaste étendue champêtre entre la clinique des Sœurs et la gare de Malestroit.*
La photo du haut, prise d'avion, date des années 40. Celle du bas a été prise au 4ᵉ étage de la clinique. Repère pour la comparaison : les deux maisons qu'on voit à droite de la route clinique-gare ; la seconde, mansardée, est l'aumônerie des chapelains de la Communauté.

La gare est située à droite, un peu au-delà des maisons et du petit bois. Les champs et le petit bois qu'on voit entre Malestroit et la gare ont fait place à des maisons depuis la fin des années 30 et suivantes : une centaine de maisons relient aujourd'hui l'ancien village 1920 à la gare (désormais sans trains de voyageurs depuis le début de la guerre).

La décoration par le général de Gaulle (1945) qu'Yvonne n'a pas « vue ».

La décoration par le général Audibert (1949) : celle qu'Yvonne a vue en prémonition.

« Je me suis vue devant la clinique, avec beaucoup de religieuses autour de moi. Cela semblait un jour de fête. Il faisait beau. J'avais sur la poitrine, épinglées, 4 ou 5 médailles, dont la Légion d'Honneur. J'étais au milieu de religieuses, et semblais être leur Mère. Un grand officier vint vers moi, me saluer » *(Yvonne ne peut cacher sa honte, d'écrire par obéissance, cette « folle » vision). Cette prédiction du 25 mars 1929 ne concerne pas la décoration par de Gaulle (Vannes 22 juillet 1945 : photos du haut). Les détails descriptifs : « devant la Clinique », parmi des religieuses dont elle est « la Mère... » Générale, « 5 décorations », etc., ne se sont réalisés que le 7 août 1949, quand le Général Audibert (hôte clandestin de la Clinique, lorsqu'il était chef de la Résistance de l'Ouest) vint décorer la Clinique de la Croix de guerre. Yvonne avait alors ses 5 premières décorations, et reçut la sixième : la* King's Medal, *de la main du Consul d'Angleterre. On voit, sur la couverture de ce livre, le film couleur de l'événement où le général Audibert vient la « saluer »* (photo du bas).

DE FUTURS AMIS

1. Le P. René de la Chevasnerie

2. L'abbé P. Labutte

3. Mgr Picaud, avec Pie XII

4. Mgr Tréhiou

Dans une prémonition du 1er août 1923 (I, 6), Yvonne les voit défiler :
1. « Un religieux que je ne connais pas, plutôt brun, jeune et chauve, vint me causer, il était entrain, heureux » : *le Père de la Chevasnerie qui écrira les Monette, sera longtemps un des prédicateurs les plus goûtés de la maison, où il ne viendra pour la première fois qu'en 1926.*
2. « Un prêtre... plus jeune que le précédent, grand, blond, il m'appela maman et disparut tout joyeux » : *l'Abbé Labutte qu'elle connut jeune séminariste, et pour qui elle fut une mère spirituelle. Il ne lui sera présenté que deux ans plus tard, en 1925.*
3. « Un petit évêque disait son bréviaire. Je sentais qu'il plaisait à Notre Seigneur » : *Monseigneur Picaud (1,53 m) qu'Yvonne ne rencontrera qu'en janvier 1925 et qui sera son principal soutien et conseiller.*
4. « Un autre évêque, grand, fort » : *Monseigneur Tréhiou, nommé à Vannes en 1929.*
« D'autres vinrent... aimablement... des noirs, des blancs, des violets... religieux dignitaires. » *Elle entrevoit ici l'afflux de prélats : abbés bénédictins* noirs, *trappistes* blancs, *évêques en violet, largement réunis pour le tricentenaire de 1935 (photo du bas), et qui se retrouveront mitrés à l'enterrement (photo dans la Vie, p. 218).*

INTRODUCTION

Les prédictions qui sont attribuées à des saints (ou même à des extra-lucides) sont généralement peu vérifiables. Le plus souvent, la prédiction n'a été rédigée qu'après son accomplissement. Et l'historien a toujours lieu de craindre que l'énoncé ait été conformé, après coup, à la réalisation.

Dans le domaine biblique, la majorité des exégètes *date* les prédictions après la réalisation ; les Evangiles : après 70, puisqu'ils évoquent la ruine de Jérusalem ; Robinson a réagi contre ce présupposé factice. Si les Evangiles avaient parlé de la ruine de Jérusalem *post factum*, ils auraient été beaucoup plus clairs : ils auraient précisé les horreurs qui frappèrent alors l'opinion. Mais le rationalisme a toujours un échappatoire pour ramener les faits insolites ou merveilleux à la raison, quitte à leur faire violence.

Par une chance historique rare, les prédictions de Sœur Yvonne-Aimée furent écrites longtemps avant leur réalisation, à une date où elles étaient obscures et dépourvues de sens, même pour celle qui les formulait. Nous pouvons confronter rigoureusement prédictions et réalisations. Ce cas est unique à ma connaissance. Le Père F. Halkin, doyen des Bollandistes, à qui je demandais s'il en connaissait d'autres, m'a répondu :

> *Les cas de prédictions certainement attestées avant leur réalisation sont sans doute rarissimes. Ni mes confrères ni moi-même n'en connaissons. (Lettre du 2 septembre 1985)*[1].

1. *Nul ne connaît tout. Si des lecteurs connaissent des prédictions dont la date soit rigoureusement et scientifiquement assurée ante factum,* je leur serais reconnaissant de m'en communiquer le dossier : R. Laurentin, B.P. 808, 91001 EVRY Cedex.

Des nombreuses prédictions *attribuées* à sainte Catherine Labouré ou à sainte Bernadette, aucune n'a été rédigée avant la réalisation, ce qui rend difficile ou impossible la vérification.

1. Les exigences d'un directeur de conscience (1922-1925)

C'est à partir de juillet 1922 qu'Yvonne Beauvais fut traversée de prémonitions qui se sont vérifiées à plus ou moins long terme : les principales, à l'échelle d'une vingtaine d'années. L'antériorité de la rédaction est établie avec certitude par la graphologie (ci-dessous p. 26) et grâce à un concours de circonstances exceptionnel.

Un contrôle exceptionnel

Le Père Théodore Crété, jésuite, qui rencontra Yvonne au seuil de son éveil spirituel, 4 juin 1922, et la dirigea jusqu'en avril 1925, demeurait à Vannes (environ 40 km de Malestroit). Cela exigeait une correspondance : plus lointaine lorsqu'Yvonne était à Paris (le plus souvent). Dérouté par ce cas hors série, soucieux de tout connaître pour détecter toute illusion ou déviation éventuelle, il demanda à Yvonne de le tenir « au courant de *tout* » (lettre du 25 juillet 1922) : « tous vos rêves et paroles », précise-t-il dans la lettre du 6 janvier 1923. Il se rend compte de l'activité dévorante d'Yvonne : « je crains que vous n'ayez aucun loisir pour écrire » (2 novembre 1922). Il maintient pourtant son exigence :

> *Ne soyez pas longtemps sans m'écrire (...), c'est une sécurité pour vous que ce contrôle (15 septembre 1922, n° 285).*
>
> *Ecrivez-moi quand vous pouvez (2 novembre 1922, n° 403).*
>
> *Ne me cachez jamais rien (21 décembre 1922, n° 440).*
>
> *Vous ne me cachez rien, ma très chère fille en Jésus, mais dites-moi tout : même* un rêve *que vous ne pouvez oublier (21 décembre 1922,* ib.*).*
>
> *J'aurais aimé que vous racontiez plus tôt votre rêve (25 décembre 1922, n° 545).*
>
> *Je désire que vous me fassiez part de tous vos rêves et paroles (6 janvier 1923, n° 25).*
>
> *Je vous ai déjà dit d'écrire souvent. C'est nécessaire en ce moment (17 février 1923, n° 99).*
>
> *Il faudra trouver le temps de noter tout cela dans votre petit carnet (3 avril 1923, n° 206 : ce carnet au crayon est conservé).*
>
> *Vous voudrez bien me confier tout ce que vous dira le Seigneur Jésus, à moins d'une défense expresse de Lui (16 juillet 1923, n° 437).*
>
> Toujours *me confier* tout *(10 octobre 1923, n° 635).*

Ce *tout* et *toujours* n'excepte pas un « cauchemar sur Monseigneur » (3 février 1924), que le Père Crété déclarera pourtant « sans queue ni tête » (10 février 1924).

Son insistance peut paraître excessive. Mais une information intégrale lui paraît nécessaire pour discerner toute erreur ou tentation d'en bas. Il est prompt à les soupçonner, malgré les preuves impressionnantes et convergentes qu'il a reçues. Mgr Picaud, invité à plus de rigueur encore, par Mgr Gouraud, procèdera de manière analogue.

Le Père Crété reste soucieux de la liberté d'esprit de sa pénitente :

> *Vous m'écrirez quand vous pourrez (24 octobre 1922, n° 380).*
>
> *Ecrivez-moi quand vous pourrez. Je ne puis guère rester sans nouvelles de vous. Mais la correspondance ne doit pas vous écraser (2 novembre 1922, n° 403).*

Il l'invite à écrire simplement, humblement, objectivement, sans se relire, et sans plus penser à ce qu'elle a écrit au jour le jour. Elle est alors toute prise par son aventure spirituelle : rencontres mystiques avec le Seigneur, missions inspirées près de prêtres en difficulté ou de profanateurs (*Vie,* p. 101, 102, 104), service écrasant des pauvres, temps à trouver pour gagner l'argent nécessaire à leur dépannage, combat avec les puissances d'en bas, etc. Elle n'a pas le temps de s'arrêter à elle-même. C'est une sorte de geyser spirituel, mais elle est calme, détendue, sans narcissisme ; seule l'exigence du directeur et le service de tant d'amis qui s'adressent à elle, l'obligent à écrire, toujours occasionnellement, et pour autrui. Jamais par complaisance.

Même les rêves

On peut s'étonner que le Père Crété insiste à ce point pour qu'Yvonne lui relate même ses rêves, quitte à les dire après cela « sans queue ni tête ».

On peut s'étonner de la place qu'ils tiennent dans ce dossier. Mais les *songes* prémonitoires sont courants dans la Bible (le mot revient 27 fois dans le seul livre de la Genèse et 5 fois dans les deux premiers chapitres du premier Evangile). Le Père Crété croit ne pouvoir les négliger, car ils semblent avoir du sens. Et quand Yvonne lui raconte les premiers, il voit bien qu'ils font organiquement partie du grand mouvement d'amour cohérent qui engage et soulève sa vie. Ainsi en vient-il à conclure :

> *Quand vous ne pouvez vous en défaire, vos rêves ne sont pas des rêves ordinaires, et il faut en tenir compte (22 décembre 1922, n° 533).*
>
> *Hélas votre rêve (où elle percevait la grande fatigue momentanée du Père Crété) vient du Seigneur Jésus, et il est vrai que je suis bien « fatigué ».*
>
> *Vous avez vu que votre rêve n'était pas un rêve ordinaire (22 novembre 1923, n° 708).*

Mais il sait qu'un rêve peut être tout simplement la projection spontanée d'un désir [1] :

> *Le rêve de la mariée qui entre aux Augustines vient sans doute du désir [que vous avez d'y entrer]. Dieu vous dira ce qu'il veut (30 janvier 1924, n° 94).*

L'examen objectif de ce dossier peut contribuer à remettre en question les présupposés exégétiques selon lesquels tout rêve raconté dans la Bible serait une fiction littéraire, et non la relation effective d'un songe.

Au cours des trois années où le Père Crété fut son directeur (15 juillet 1922 — 29 mars 1925), 14 lettres d'Yvonne comportent à divers degrés des prémonitions. Tel est le dossier homogène que nous produisons en premier, car il contient les premières prédictions, datées de la manière la plus probante.

Peu avant le 10 février 1933 (n° 106, lettre de Mère Stanislas), le Père Crété, à qui Mgr Gouraud avait retiré la direction d'Yvonne depuis avril 1925, avait renvoyé toutes ces lettres, à Mère Marie Anne, Supérieure de Malestroit, qui les avait déposées au fond d'une armoire où elles furent oubliées.

Vérification en plein doute

Et voici qu'elle les retrouve à un moment dramatique. Un religieux, d'abord très enthousiaste pour Yvonne, s'est retourné contre elle. Il doute. Il la soupçonne d'illusions ou de mystifications. Ses réussites seraient un piège du démon. Il projette de la déférer au jugement de l'Eglise, pour la faire déposer de sa charge de Supérieure. Pour préparer ce procès, il écrit à ceux qui connaissent Yvonne-Aimée, pour les convaincre. Le Père Crété, qui n'est plus son directeur depuis 18 ans, reçoit ce dossier à charge ; il en est impressionné et invite Yvonne-Aimée à se remettre en question, à prendre au sérieux ces objections accumulées contre elle :

> *Avez-vous toujours été droite, ma fille? N'étiez-vous point dans l'illusion et trompée par le démon? Jadis vous étiez si humble mais maintenant? [elle est Supérieure]. Tout vous a toujours réussi. Les saints, les vrais, au contraire, sont sujets à toutes sortes d'épreuves (lettre du 11 mai 1943, n° 301,* Vie, *p. 169).*

Il oublie ou ignore les terribles épreuves qu'elle traverse. Il est perplexe. Il consulte ses collègues, notamment le Père Monier-Vinard,

1. Ainsi Yvonne avait-elle rêvé qu'elle gagnait à la Loterie (lettre de Sœur Saint Joseph, 21 janvier 1936, n° 35), ce qui l'aurait bien arrangée pour ses œuvres. Elle prit plusieurs fois des billets, mais le rêve ne se réalisa pas, comme elle le note dans ses lettres du 26 avril 1936, n° 217, et 3 juillet 1936, n° 326. Il s'agissait encore de rêve répondant seulement à un « *désir* », selon la juste formule du Père Crété, et nullement à une prémonition d'ordre surnaturel.

spirituel de renom, qui défend Sœur Yvonne-Aimée de la manière la plus ferme. Il se rend à Malestroit.

Et c'est alors que Mère Marie Anne retrouve la liasse des lettres de direction spirituelle rangées dans l'armoire. Elle les lui remet, entre le 6 et le 12 mai 1943. Il relit avec stupéfaction ce qu'il avait oublié. L'évidence s'impose. Ces textes, absurdes ou déroutants 20 ans auparavant, prennent maintenant un sens précis. Ils se vérifient contre toute attente. Même sa propre désaffection est annoncée à mots couverts pour le temps de ses vieux jours : « 75 ans. » C'est bien son âge, à l'heure où il retrouve les lettres oubliées (*Vie,* p. 173).

Une antériorité certaine

Le témoin est crédible, car il était en état de doute critique. Il avait exhorté Yvonne à reconnaître ses erreurs. Sa certitude est bien fondée.
1. Il reconnaît sans hésitation possible les prédictions écrites il y a 20 ans, *annotées alors de sa main.*
2. Les dates des lettres sont claires et bien établies, garanties par le « cachet poste », note-t-il.
3. Elles sont confirmées par les innombrables recoupements de la critique historique.

> *Quel trésor! écrit-il le 17 mai 1943. J'en garde jalousement la propriété. Je les avais confiées à Mère Assistante il y a plus de 10 ans, pour l'avenir, sans songer à leur utilité présente. En 1922-1923, on ne comprenait rien à toutes ces prédictions, et je n'y songeais plus du tout, non plus que Mère Yvonne-Aimée (...) Elles étaient couvertes de poussière. Par bonheur, l'enveloppe était là, qui garantit l'authenticité de ces lettres. Souvent, j'y avais mis un mot, j'avais souligné une date. Pas un honnête homme ne peut douter de leur authenticité (n° 319).*

4. La graphologie confirme ces dates, avec d'autant plus de certitude que l'écriture d'Yvonne-Aimée (à la différence de celle de Catherine Labouré qui pose à ce sujet bien des problèmes) est très évolutive : facile à dater.
5. Enfin (comme nous l'avons déjà signalé), ces prédictions étaient dépourvues de sens, à l'heure où rien de leur contexte n'était connu ni prévisible : ni ces cylindres projetés sur les villes (les bombes de 1940-45), ni ces hommes « habillés de vert », déferlant sur la France (l'armée allemande n'avait pas encore adopté cette couleur), ni les décorations françaises et étrangères, ni ce Général qui lui en remettait une, devant des religieuses dont elle était la Mère... générale, ni la trahison d'amis chaleureux qui exaltaient et soutenaient Yvonne à l'heure des prédictions. Les vraies prédictions ne sont pas une histoire avant l'histoire : ce serait strictement impossible, comme l'a bien montré philosophiquement Henri Bergson. Le futur n'est rien avant l'événement; son imprévisibilité fondamentale tient à la nature même de la durée [1].

1. Seul Dieu peut les percevoir dans une éternité qui n'altère pas le jeu des libertés, mais les suscite comme telles.

Les prédictions sont donc une vision sélective ; elles évoquent des points saillants et isolés d'une réalité dont le contexte organique et global échappe à tous, à commencer par le prophète qui la formule.

2. Structure du dossier des prédictions

Quatre parties

1. Ce dossier des lettres au Père Crété est fondamental : les prédictions ou prémonitions sont importantes, autographes et rigoureusement contrôlables. Malgré l'avantage qu'il y aurait eu à donner toutes les prédictions par ordre chronologique, nous avons tenu à garder à ce dossier son homogénéité.

2. Viennent ensuite les prédictions notées dans le carnet de 1929. Elles sont également autographes : écrites par Yvonne à la demande du directeur spirituel : Mgr Picaud, qui a pris le relais du Père Crété. Et la datation présente également toute certitude : cohérence de ce diaire, datation graphologique, et recoupements historiques.

Nous avons renvoyé en annexe les autres prédictions qui présentent des caractères plus particuliers, assez divers et inégalement probants :

3. Une troisième partie regroupe des paroles prononcées en état de choc ou de maladie. Plusieurs témoins y ont décelé, non pas un délire, mais une sorte de rêve éveillé, évidemment prémonitoire. Yvonne est en plein combat spirituel, terrassée par la fièvre ou par la lutte avec le prince des ténèbres. Dans la faiblesse et la souffrance du corps, qui lutte et récupère, son esprit est projeté vers l'avenir. Et l'on discerne dans ses propos, plus que la projection de ses désirs (la réalisation de sa vocation contrariée), des modalités à divers degrés non prévisibles de cet avenir.

4. La quatrième partie groupe, dans l'ordre chronologique, toutes les autres prédictions.

Les unes sont autographes, de la main d'Yvonne-Aimée, mais d'autres sont rapportées par des tiers qui l'ont entendue. Certains témoins ne les rapportent qu'après l'événement.

Diversité dans l'unité

Le dossier des prédictions est très varié. Elles adviennent dans les circonstances les plus diverses : de jour ou de nuit, en état de santé ou de maladie, à Malestroit, Anglet, Le Mans, Paris ou Kermaria. Cela peut être dans la prière (Heure sainte, le 26 octobre 1924) ou durant une extase, en récréation ou en chemin de fer. Les unes sont claires et précises, d'autres obscures. Parfois Yvonne se demande (devant l'insolite) : est-ce une illusion ? une tentation ? un piège du démon ? Mais sans s'y attarder.

Ces prédictions sont pourtant moins arbitraires et disparates qu'il pourrait sembler. Elles concernent à divers degrés la vocation et la mission d'Yvonne : espérances et épreuves. Une bonne partie d'entre elles concerne la Communauté de Malestroit, et sa mission envers elle, étroitement liée à sa mission envers la France et le monde, qui vont se conjuguer dans le drame de la guerre mondiale de 1939. Cette guerre, Yvonne en voit le délai : 17 ans en 1922, et la date inscrite sur la mappemonde : 1922 + *17* = [19]39 (p. 37). Yvonne s'est offerte comme victime pour résoudre les drames du milieu du XXe siècle. Elle se sent modestement partie prenante de ces événements, qui lui sont manifestés de manière fragmentaire pour l'éclairer, moins à l'heure de la prédiction que dans la suite. Ce dossier divers est cohérent.

3. Analyse des prédictions

Examinons donc les traits saillants de ces prédictions.

Caractère fonctionnel

Les plus importantes s'échelonnent de 1922 à 1929, durant l'éveil mystique et la réalisation d'une vocation singulière et contrariée. Après cela, l'activité prémonitoire se raréfie et semble même tarir.

Ces prédictions, qui s'intensifient à l'heure où Yvonne réalise sa vocation, ont un caractère fonctionnel, beaucoup plus qu'il ne paraît à vue superficielle. Ce ne sont en aucune façon des performances d'extralucide, douée d'une brillante connaissance de l'avenir, selon les centres d'intérêt ou la curiosité du milieu ambiant. Ses prémonitions l'aident à s'orienter dans sa vocation et sa mission, elles l'avertissent des obstacles apparemment insurmontables et scandaleux qu'elle rencontrera, non pour l'en préserver, mais pour l'y préparer.

Ces prédictions ont contribué à créer la conviction des Sœurs de la Communauté et des directeurs spirituels, lorsque certaines prédictions ont fait leurs preuves à court terme : notamment pour Mgr Picaud. Sa clairvoyance créait la confiance.

Ces prédictions ont aussi aidé Yvonne-Aimée à sortir de l'impasse où se trouvait sa vocation, avec les fiançailles engagées sur l'avis impératif de sa mère et de son directeur spirituel, puis l'opposition déterminée de l'évêque. Au plus désespéré de la situation, elle entrevit la date précise de son entrée à Malestroit (p. 105).

Ces lumières sur l'avenir font partie d'un ensemble de charismes clairvoyants vite reconnus, car ils ont résolu les mille problèmes de la Communauté : les divisions, les illusions, les déviations spirituelles, les bâtiments vétustes qui croulent, la clinique attardée qu'il est urgent de moderniser, malgré le manque de fonds qui provoque d'abord le veto de l'évêque, les liens à recréer entre les couvents dispersés des Augustines ; à cet effet, Yvonne va créer une Fédération : solution nouvelle et inédite dans l'Eglise, que Pie XII va ériger en modèle.

Ses prédictions guident sa vocation et sa mission.

Préparation aux épreuves futures

Elle entrevoit avec une particulière acuité les épreuves et souffrances dont elle paiera tant de fruits spirituels.

Elle discerne avec une particulière acuité, les doutes, soupçons, accusations de mensonge, qu'elle va subir de la part d'amis, conseillers ou soutiens parmi les plus ardents :

— Mère Madeleine du Sacré-Cœur qui avait accueilli ses premiers pas à Malestroit, et qui devint Supérieure en 1926 (*Vie*, p. 116 et 133)

— le Père Bruneau, aumônier, qui aida ses premiers pas et devint momentanément son accusateur (*ib.*, p. 134)

— le Père C., l'accusateur de 1943 et sa famille (*ib.*, p. 168-173)

— le Père Crété lui-même, d'une manière plus modérée, durant quelques mois (p. 168).

Elle avait à être prémunie contre cette épreuve, d'autant plus cruelle, déséquilibrante, destructrice, qu'ils l'avaient d'abord reconnue, confirmée ou admirée, qu'ils avaient autorité (comme prêtres, comme supérieure), et qu'ils rejetaient ce qui était le plus déroutant pour elle-même. Car elle ne doutait point de l'amour de Dieu, mais s'interrogeait avec humilité sur les signes extraordinaires qu'elle en recevait. Ces signes, elle ne les avait pas cherchés, elle ne les avait pas souhaités, elle demandait au Seigneur de la ramener à la voie ordinaire, si c'était possible, tout en mesurant que ces dons insolites servaient souvent les desseins de Dieu. Le doute des autres réveillait le sien, au plus profond de son humilité, qui était grande, et l'autorité de ses adversaires pesait sur son immense capacité d'obéissance.

L'authenticité de son amour, de son engagement mystique, et de l'œuvre qu'elle accomplissait au service du Seigneur seul, était mise en question. Si tout cela était illusion, c'était l'abîme. C'est au moment où tout la plongeait au fond d'un gouffre, qu'elle réalisa ses actions les plus extraordinaires : celles qui l'ont fait reconnaître comme héroïne nationale : l'aide impossible, par pure charité, à toutes les victimes, à tous les traqués de la guerre : réfugiés, résistants, parachutistes, et blessés des deux camps, qu'elle soignait et faisait soigner avec la même charité.

On comprend mal que cette jeune fille, comblée de tant d'amour, ait été éprouvée à ce point, qu'elle ait même été abandonnée aux sévices du démon. Ce serait inexplicable si le Seigneur lui-même n'avait tout d'abord choisi le pire : l'agonie, la condamnation, la Croix ; et si, malgré sa piété filiale, il n'avait appelé Marie à partager le pire, nécessaire pour réparer le pire du péché. C'est un fait que Jésus et Marie ont partagé cet extrême pis-aller de la souffrance, lui comme Dieu fait homme, elle comme mère de Dieu et des hommes. Ce que Sœur Yvonne-Aimée a gardé imperturbable-

ment, dans sa nuit transpercée de tant de blessures, c'est la certitude de l'amour du Christ, c'est aussi l'évidence de n'avoir jamais rien voulu d'autre que Lui, dans une totale authenticité :
— *Je ne veux qu'être vraie* (lettre au Père Crété, 18 août 1922, nº 206).

C'est le cri du cœur de toute sa vie, dans une sobriété particulièrement remarquable à l'époque.

Le Père Crété l'avait rassurée plusieurs fois sur ce doute-là, quand d'autres la soupçonnaient. Qu'après cela, lui aussi doute, remette tout en question, et l'engage à réviser à nouveau les assurances qu'il lui avait pourtant données, c'était un comble, en ce paroxysme de l'épreuve (1943).

L'obligation qu'il lui avait faite d'écrire ses pensées et prémonitions apparemment absurdes, dans un souci de contrôle, n'était donc point de trop ; elle a joué un rôle fonctionnel pour éviter le pire.

L'épreuve était d'autant plus rude que la religion d'alors avait unilatéralement cultivé chez Yvonne, depuis l'enfance, l'humilité, la méfiance envers soi-même, l'obéissance, la priorité à l'hétéronomie sur l'autonomie. Cela déprimait l'assurance des lumières qu'elle recevait de Dieu. Il convenait qu'elle en soit avertie, et s'y prépare, pour prévenir ce qui aurait dû causer normalement sa destruction.

La question tant de fois soulevée durant sa vie était d'ailleurs grave, à la mesure de ses grâces et missions d'exception. Ainsi resurgit-elle à Rome, après sa mort, en 1960, lorsque la prudence du Cardinal Ottaviani arrêta sa Cause de canonisation et interdit toute publication sur elle jusqu'à nouvel ordre.

Voilà pour la fonction négative des prédictions. Cela peut faire songer à l'avertissement du dentiste de mon enfance, au temps où il n'y avait pas d'insensibilisation : « Je sais que je vais vous faire mal ». Cette parole calme évitait l'affolement, l'anxiété, et aidait à supporter le pire.

Fonction positive des prédictions : signes, gages et garantie de son espérance

Mais les prédictions d'Yvonne-Aimée ont eu dans sa vie et dans son œuvre une fonction positive.

1. Elles l'aidaient à maintenir le cap vers sa vocation. Tout était contre : après sa mère et son premier directeur de conscience, c'était l'évêque. Ses prémonitions lui firent espérer contre l'espérance dans une situation humainement sans espoir. Cela explique en partie cette cohérence de l'incohérence dont nous parlons dans sa vie (p. 118-120).

2. Ces prémonitions la préparaient à sa mission envers le couvent de Malestroit et la famille religieuse des Augustines hospitalières de la Miséricorde.

— Ce furent d'abord ces « colombes blanches », (une communauté de sœurs) qu'elle se vit confier, symboliquement, étant encore jeune fille, laïque, âgée de 21 ans (juillet 1922). Elle en deviendra supérieure locale (en 1935), puis générale (1946), par des élections toujours unanimes.

Dans sa jeunesse inexpérimentée, elle avait déjà reçu un charisme pour discerner les divisions ou défauts de la Communauté, et y porter remède. Elle percevait les défaillances de chacune, et ce que le Seigneur désirait pour renflouer chacune, selon sa vocation propre, ainsi que la Communauté. Cette partie de ses prédictions reste globale.

— Elle entrevit les bâtiments qu'il allait falloir édifier pour une rénovation à la fois spirituelle, matérielle et technique : le vieux couvent et la clinique pour un meilleur service des malades. Elle reçut pour cela, à la fois les intuitions, le courage d'entreprendre, et les signes propres à convaincre l'évêque, d'abord opposé à des projets « mégalomaniques et ruineux ». L'argent vint de lui-même, sans souci de quêter. Yvonne-Aimée vit par avance jusqu'à ce jardin de repos qu'elle adjoindra plus tard à la clinique, en transformant une sorte de marais malsain en un jardin à l'anglaise avec étang. Ici, sa capacité de réalisation relaya et soutint les projets ambitieux.

— Elle se verra dans ses fonctions futures de supérieure, avec l'inquiétude d'être victime d'une bouffée d'orgueil ridicule, tout en se rendant compte que l'orgueil était étranger à la vision (à la mission) qui la couvrait de confusion.

— Des prédictions épisodiques concernant la mort de ceux qu'elle aime : Mademoiselle Stiltz (1925), Madeleine de Beauvais (1925), Mgr Gouraud (1928), Mère Madeleine du Sacré-Cœur (1929), semblent tenir à sa solidarité avec ces personnes et sa Communauté, dans le Corps du Christ.

A cela s'ajoutent des prémonitions sur la réussite finale : humaine et spirituelle, que Dieu lui réservait.

— Ainsi vit-elle par avance les décorations qu'elle reçut avec profusion : consécration humaine et symbole mineur des fruits de sa mission cachée à l'égard de son pays, l'apport mystique de sa prière et de sa souffrance échappant à toute évaluation.

— Aurait-elle aussi prévu sa glorification par l'Eglise ? Ceux qui la tenaient pour une sainte ont guetté ses paroles en ce sens, ont même tenté de les provoquer. Ils ont observé qu'une prémonition de ce genre ne serait pas sans précédent : Saint Vincent Ferrier avait prévu sa canonisation (et l'avait annoncée au futur pape, qui la fit effectivement), sans qu'on l'ait accusé pour cela d'orgueil ou de mégalomanie. Mais les prémonitions qu'on a prêtées à Yvonne en ce sens n'ont ni netteté, ni valeur probante. Et l'arrêt même de la Cause de béatification, en principe définitif, invite aujourd'hui aux plus graves réserves sur l'hypothèse même [1]. Si l'interdiction de publier a été révisée pour permettre notre étude scientifique de longue haleine, l'arrêt de la Cause de béatification a été maintenu et confirmé (lettre du 9 juillet 1986). La seule chose claire en ce domaine, ce sont les prémonitions d'Yvonne sur les risques d'une hâte intempestive.

1. Voir note hors texte, p. 19.

PRÉDICTIONS PRÊTÉES A YVONNE SUR SA PROPRE MORT ET L'AVENIR POSTHUME

On a beaucoup interrogé Mère Yvonne-Aimée sur sa mort qu'on savait en sursis depuis le 28 novembre 1927 (*Vie*, p. 129) et sur l'avenir réservé à son œuvre et à sa personne, étant donnée sa réputation de sainteté.

Les prédictions-prémonitions qui lui ont été prêtées à ce sujet ne sont point nettes ni fiables. Elles sont généralement rapportées par des tiers et jamais écrites de sa main. Yvonne-Aimée a démenti certaines d'entre elles quand on lui en parlait.

Voici un inventaire de ce dossier confus, que nous ne retenons pas parmi les prédictions, mais mettrions au compte du dicton : « On ne prête qu'aux riches. »

1. SA MORT À 33 ANS

Si nous avons pu retenir une prémonition, apparemment fondée, sur sa mort subite entre un soir et un matin (4, 14), il faut considérer comme sans fondement les prédictions qui ont couru sur sa mort prochaine.

Mardi 19 mai 1934
Diaire du P. René de la Chevasnerie,
(en style télégraphique) n° 256.

19 [mai] 8 h[eures] Déj[euner] avec le P. Castellain : Y[vonne] et M. Sup[érieu]re : Mère Marie-A[nne] seule un inst[ant] : Y[vonne] mourra bientôt ! [Elle n'en aura] plus p[ou]r longtemps. P[ou]r moi, une cert[aine] tristesse (remords).
Mais Jésus, pour Te f[aire] pl[aisi]r
[Il recommence la même notation en termes différents.]
8 h. Déj[euner] avec le Père Castellain : arriv[ée de] Mère Sup[érieu]re et Y[vonne] (sa mort proch[aine])

Démenti d'Yvonne-Aimée
2 juillet 1934
Note de Sœur Saint Louis de Gonzague Mordret, n° 310

Elle notait à date les propos de Mère Yvonne-Aimée en récréation. Pour ce jour :

Dans quelques jours, j'aurai 33 ans. On a beaucoup dit que je mourrai à 33 ans. Moi je ne l'ai jamais dit et je ne le crois pas.
— Votre mission n'est pas terminée sur la terre ?
— Non. Puis je n'ai pas que Malestroit ! Et Il m'a promis qu'avant de mourir j'aurais la joie de mener une vie régulière. Or, je ne l'ai jamais eue encore, et je ne crois pas encore le moment venu.
Il est bien certain que je ne pourrais pas vivre (depuis longtemps) avec ce que j'ai, s'Il ne me soutenait. Tant qu'Il me tient, je vais. Il est le maître.
Il y a des moments dans la journée où je suis incapable de tout travail, où même je n'y vois plus. Alors je n'ai qu'une envie : m'étendre sur mon lit ! Je me sens à bout !
— Pourquoi ne le faites-vous pas ?
— Vous savez bien que ce n'est pas possible. Le Père C[rété ?] est admirable ! ! Il m'écrit de me reposer parce que je lui avais dit que j'étais très fatiguée, mais il faudrait, pour cela, que je puisse partir 15 jours... et je ne le puis pas.

Nous sommes 14 jours avant les 33 ans d'Yvonne-Aimée. La pseudo-prophétie qui lui est prêtée revient en conversation. Elle la dément avant la date prévue pour la réalisation.

29 septembre 1934, n° 501
Relation de Mère St Paul (Malestroit)

Lors d'une rencontre fortuite, Mère Yvonne-Aimée « sortant du bureau de la clinique » dit à Mère Saint Paul :

— On dirait que le Bon Dieu veut me gâter de toute façon aujourd'hui, je reçois des gâteries de tous les côtés [ce jour étant le 6e anniversaire de sa profession temporaire et le 3e de sa profession perpétuelle].

— Oui, sûrement, lui dis-je, et... cela me fait penser à quelque chose.
— Quoi ?... Qu'est-ce que vous pensez ?
Je l'attirai alors vers la vitrine qui se trouve dans le vestibule, et lui dis tout bas en me penchant avec elle sur les images :
— Je pense que vous ne serez peut-être plus là l'année prochaine pour le 29 septembre.
— Oh ! !... Eh bien moi, je crois que si !... Je ne sais pas... mais cela m'étonnerait !... Le Bon Jésus m'a laissée longtemps croire que je mourrais à 33 ans... *Maintenant... je ne le crois plus...* Ou bien alors, il faudrait que les événements se précipitent beaucoup ! Je n'ai pas fini ce que je dois faire (pas seulement pour ici !... mais pour mes *autres* affaires...) Je *sais* que j'ai une mission à remplir, beaucoup plus importante que ce que j'ai fait jusqu'à présent ; et je ne vois pas comment je pourrais en si peu de temps... je ne sais pas !... Evidemment les événements pourraient se précipiter ; mais... ça m'étonnerait que je ne sois plus là.

Elle dément donc déjà la prédiction qu'on lui prêtait.

Lundi 18 mars 1935
Yvonne-Aimée à Sœur Saint Joseph (n° 125)

Yvonne (en jupe grise et tablier bleu) a vidé ses malles et rangé « tout le bazar » accumulé à Malestroit, liquidé tout ce passé « pour les loteries ». Elle enchaîne :

Maintenant que tout est rangé, je suis prête à me présenter devant le Seigneur. Mais hélas, malgré mes 33 ans, malgré que tout le monde soit d'accord pour me faire mourir à cet âge... le bel âge, j'ai idée — moi — que je ne suis pas prête encore, que je n'ai pas encore assez aimé et assez souffert, et que je n'ai pas fini de travailler.
Comme Il voudra ! moi ça m'est égal ! pourvu... que j'arrive au degré... qu'Il avait en vue en me créant.

2. LE LIEU DE SA TOMBE

Lettre d'Yvonne au P. Crété
4 octobre 1933, n° 733

Un jour que ma petite Mère et moi nous nous promenions dans le jardin, elle me dit :
— « Serez-vous enterrée là, un jour, ma petite fille ! »
Je regardai le cimetière et dans le coin, comme une vision rapide, je vis une petite croix blanche avec sœur Aimée de Jésus.
— « Là ! », dis-je à ma petite Mère, et je lui montrai la place.
Ceci est-il de Jésus ou bien du démon ? Je n'ai jamais porté d'importance à ce fait-là, mon Père. Il est de fait si secondaire !

Monseigneur Picaud
Lettre du *12 juin 1926*, n° 379
note qu'elle a prévu le lieu de sa sépulture dans le jardin de Malestroit.

Le Père R. de la Chevasnerie,
Carnet intime : *28 décembre 1927*, n° 839,
donne un schéma du cimetière selon l'état futur des années 1930-1960 avec une petite croix indiquant l'emplacement de sa tombe.

Ces « prédictions » ? sont sans valeur, car Yvonne, qui a programmé la restructuration et le plan du Monastère, a dû planifier aussi le cimetière où elle prévoyait sa tombe. Du moins, la prévision est-elle juste.

Par contre, la prédiction que lui attribue Mère Madeleine du Sacré Cœur (5 décembre 1927, n° 772, et 3 février 1928, n° 230). « On mettra une branche de lys dans son cercueil et elle ne se fanera pas » semble ne s'être point réalisée sur ces deux points. On en trouve trace aussi, dans le diaire du Père R. de la Chevasnerie 11 juillet 1932, n° 412

3. L'AVENIR DE MALESTROIT

Mère Madeleine du Sacré Cœur à Mère Thérèse, à Eu, 17 juillet 1927, n° 405 : « Quel pèlerinage deviendra Malestroit plus tard ! »

Compte rendu de Mère Madeleine du Sacré Cœur, 5 décembre 1927, n° 772.

Diaire du Père de la Chevasnerie, 28 décembre 1927, n° 839 : « Jardin, vrai centre de pèlerinage »

Diaire du Père de la Chevasnerie, 27 août 1934, n° 16 : le Père semble indiquer, dans son style télégraphique : « les bâtiments de l'œuvre du Seigneur Jésus : ici, la basilique ; là, la m[aison] d'édi[tion] ; là, la TSF.

Le pèlerinage naissant a été étouffé en 1960.

Le mieux fondé, c'est cette confidence d'Yvonne-Aimée rapportée par Gilberte de Sartiges, le 22 août 1927, n° 489 : Malestroit a une « mission à remplir » qui implique un « travail d'impression » non précisée. Il s'agit en fait de la mission de propager l'invocation : « O Jésus, Roi d'Amour ». Le travail d'impression, c'est l'édition des premiers signets avec l'invocation et c'est un fait que le rayonnement de cette prière, approuvée par l'Eglise, continue.

Lorsqu'on faisait allusion à sa canonisation future (...), elle ne rejetait pas, elle disait seulement :
— N'entravez pas l'action providentielle par une hâte intempestive, témoigne *Mgr Picaud. (Interview du 30 octobre 1954, n° 203, p. 10.)*
— Si on parle trop tôt après ma mort, cela nuira à la cause du Seigneur Jésus, disait-elle à Mère Michaël qui l'a consigné dans une note du 18 juin 1967.

Et il est bien vrai que l'ingénuité avec laquelle on a mis dans le public les à-côtés qu'elle avait sévèrement gardés dans la discrétion provoqua les décisions prudentielles qui arrêtèrent publications et Cause de béatification. Sur ce point ses prévisions ont été pleinement justifiées.

Bref, à côté de tant de prédictions stupéfiantes, sur tant de points inattendus et imprévisibles, ce qu'on a cru deviner autour de sa mort, de sa sépulture et de son avenir posthume se révèle sans valeur : sans doute parce que ses amis avaient projeté là-dessus trop de craintes ou de désirs fort étrangers à l'axe de ses préoccupations et prévisions. La seule prédiction claire, dans cette direction, est celle qu'Yvonne fait à sa « tante » Quéroy, qui s'était permis de divulguer une de ses grâces intimes.

Si vraiment tu m'aimes (...) promets-moi que jamais plus tu ne livreras ce que tu sais de moi. Le Seigneur Jésus ne bénira pas cela (...) Je ne puis tout te dire, mais je sais que c'est cela qui fera bien des ennuis, même après ma mort, et que son œuvre sera grandement compromise à cause de cela. (Lettre à J. Quéroy, 19 janvier 1935, n° 32.)

3. Elle a perçu l'élargissement de sa mission à l'échelle de la France, voire du monde.

Car elle a eu conscience d'une mission à l'égard de son pays et du monde tout entier. Cela affleure dans le dossier des prédictions : ci-dessous, p. 37, 44, 50, 63. Il faudra un jour préciser ce point qui nécessitera une longue enquête parmi les 30 000 pièces du dossier. Elle semble avoir reçu des lumières à cet égard, à Anglet, en 1922 (ci-dessous, p. 37), et à Rome, en 1925. C'est alors qu'elle écrit à Mgr Picaud, qui vient d'être nommé évêque :

Au tombeau de saint Pierre, je l'ai prié pour la France. Que je voudrais pouvoir vous dire tout ce que j'ai senti alors, mon Père ! La France vaincra et deviendra belle comme elle n'a jamais été, mais il lui faut beaucoup de souffrances encore. Il faut que des vies se donnent tout entières pour cette noble cause. (Lettre du 28 mai 1925, n° 401.)

Madame Beauvais, sa mère, précise, dans sa relation de mars 1956 (n° 138), comment Yvonne avait vécu intensément cette prière pour la France. Durant le pèlerinage, un des « Pères Assomptionnistes » organisateurs avait dit :

— Le jour de la canonisation, demandez une grâce, vous l'obtiendrez certainement. Sainte Thérèse sera toute puissante ce jour-là.
Chacune de nous réfléchit alors pour choisir la grâce qu'elle demanderait : celle qui lui tenait le plus au cœur.

Yvonne en avait beaucoup à demander : elle n'obtenait pas de Monseigneur Gouraud la permission d'entrer au Noviciat de Malestroit ; elle avait beaucoup de pauvres à sa charge et n'arrivait que très difficilement à se procurer ce qui leur était nécessaire. Puis, au point de vue spirituel, tant d'âmes qu'elle aimait, qu'elle aidait et pour lesquelles des grâces étaient à demander et à obtenir !

Et cependant, ce qu'elle demanda ce fut :
« de faire quelque chose pour la France. »

Elle demanda en même temps qu'un signe lui fût donné que sa demande fût exaucée.

Le soir du 25 mai, toutes les cérémonies étant terminées, Yvonne, toute radieuse, me dit quelle grâce elle avait demandée, et combien elle était heureuse de l'avoir obtenue, car le signe demandé était que le Saint-Père fasse arrêter la Sedia en passant devant nous et nous bénisse toutes trois très spécialement. Ce qui avait eu lieu très visiblement.

Elle ajouta aussi que pendant cet arrêt, le Saint-Père et elle s'étaient dit beaucoup de choses par les yeux.

C'est dans la même ligne qu'Yvonne entrevoit, dans la prémonition du 28 octobre 1922 (p. 38) : « une France lumineuse éclairant et pacifiant tout le monde ».

C'est dans cette même perspective qu'elle entrevoit le déferlement des hommes en vert et les bombardements aériens.

Elle ressent les fautes de son pays, mais avec une très grande confiance en la miséricorde de Dieu et l'affection de Notre-Dame :

La Sainte Vierge, qui a prouvé, à coup de miracles, son amour pour la France, saura nous garder. (Lettre à Madame Georges Rivière, 29 mai 1940. Labutte 2, p. 84.)

Malgré cette cessation des combats, écrit-elle la veille même du jour où de Gaulle lançait l'appel du 18 juin, la France n'est pas perdue, elle se relèvera, quand Dieu aura jugé que l'humiliation qu'il lui a infligée aura porté ses fruits. Il faudra croire à cela et nous préparer au renouveau futur par une vie meilleure et plus fervente.

La France a beaucoup péché, et dans les meilleures familles, parmi les prêtres, les religieux, il n'y avait pas assez d'esprit de sacrifice, plus assez de vraie piété, plus de gêne... pas assez de générosité. Voilà ce qui a mérité le châtiment, comme aussi nos lois contre Ses lois. Dieu veut que la France redevienne son peuple choisi. Elle le redeviendra, *mais il faut l'obtenir (...)*

Je vous demande de croire ce que je vous dis. (Lettre à sa sœur et à son beau-frère, 17 juin 1940, n° 311.)

Ces thèmes sont fréquents dans sa correspondance (P. Labutte, p. 83-86).

Et c'est cette préoccupation majeure qu'elle soumit, au-delà du problème de la Congrégation des Augustines, au pape Pie XII, lors de l'audience de décembre 1946, qui sera évoquée ci-dessous, p. 124.

Faut-il la comparer à Jeanne d'Arc ? Non, car sa mission ne fut pas celle d'un chef de guerre, elle fut d'ordre caché : prière, don d'elle-même, humble service et oblation totale d'elle-même, dans le sillage des souffrances de la Passion. Mais elle a perçu tout ce qui menaçait l'hexagone, avec conscience d'une mission qui lui était confiée pour surmonter ces dangers, et du prix qu'il en fallait payer : épreuves et souffrance.

La réussite de sa mission à l'égard de la France a été reconnue, à l'échelle nationale et internationale, au niveau des services rendus aux combattants, au péril de sa vie. Mais elle a fort bien et fort humblement situé cet aspect visible et minime de sa mission. Décorée de la médaille de la Résistance, dotée d'un suprême prestige, elle disait : « Résistance, connais pas. Nous avons seulement pratiqué la charité. »

Dans son rêve prémonitoire du 28 octobre 1922 (p. 36) le sens de sa mission s'élargissait bien au-delà de la France :

> *Je voyais comme un globe lumineux le monde tourner (on vend de ces cartes en globe pour apprendre la géographie aux enfants). Mais ce globe était très grand, et je voyais distinctement tous les pays du monde, et je me promenais partout. Le Seigneur Jésus d'abord me guidait..., etc.*

Cette vision élargie de la France au monde, sur laquelle elle revient dans cette prémonition, éclaire la dynamique et la cohérence de ses prédictions. Mais l'essentiel de cette mission est resté son intime secret devant Dieu.

Un dossier probant

Ce dossier, qui bénéficie d'un tel luxe de preuves et présente une telle cohérence, est de nature à créer une présomption favorable pour d'autres charismes où les preuves manqueront à divers degrés. En matière de prédiction, l'invraisemblable est vrai et vérifié pour l'essentiel. Cela invite à ne pas présumer trop vite l'invraisemblance des dossiers devant lesquels la raison raisonnante s'insurge. Mgr Picaud, dont l'esprit critique avait longuement douté, hésité, vérifié, parvint à une confiance inébranlable en Mère Yvonne-Aimée, selon cette observation pénétrante :
— *Il faut savoir reconnaître à quel point peut aller la familiarité de Dieu avec ses créatures.*

Sans autoriser la crédulité, cette observation mérite d'être prise en compte pour juger d'autres charismes, où les vérifications n'établiront que de relatives probabilités.

Voici donc ce dossier, sans précédent, quant aux raisons probantes, dans les annales de la sainteté.

Pour les prédictions fondamentales contenues dans des écrits autographes et rigoureusement datés : lettres au Père Crété (1922-1925), puis carnet de 1929, nous disposons ordinairement la confrontation en deux colonnes,
— dans la colonne de gauche, la prédiction.
— dans la colonne de droite : la réalisation et le commentaire.

Pour les autres, nous adaptons la disposition à la diversité des cas.

Pour laisser à ce dossier son caractère bref et synoptique, nous renvoyons à la *Vie* d'Yvonne-Aimée pour le contexte de chaque épisode. (Paris, O.E.I.L., 1985.)

INEXPLICABLE ?

Pour l'établissement de ce dossier, nous n'avons pas négligé l'arrière plan des sciences humaines, de la philosophie ou de la théologie.

Ce qui en résulte de solide tient en ceci :

Un rêve prémonitoire (éveillé ou en songe) peut traduire un *projet,* et ce projet, qui dirige l'activité du voyant, peut expliquer aussi sa voyance. Une *partie* des prémonitions d'Yvonne-Aimée peut s'expliquer dans cette ligne. Mais une partie seulement. Ses projets répondent le plus souvent à une mission qui la dépasse : moyens et buts.

Les processus naturels de prévision ne peuvent expliquer ce qui est fortuit et particulier : les cinq décorations épinglées sur sa poitrine, par exemple, dans le contexte d'une prise d'armes devant sa clinique en 1949, les dates précises, les chiffres, les initiales de Mère Michaël, etc.

L'avenir résulte de multiples interférences, il est le produit de libres et fortuites décisions qui échappent normalement aux prévisions, sauf quelques lignes générales, fondées sur les grands déterminismes que les futurologues s'attachent à identifier. Mais ces grandes lignes restent vagues et donnent parfois lieu à des surprises inattendues. Selon la tradition chrétienne, que fonde une grave parole du Christ (Mt 24, 36, Mc 13, 32), Dieu seul peut prévoir l'avenir. Bergson a fondé sur des analyses pénétrantes l'imprévisibilité du futur qui n'est rien avant d'être réalisé. Se représenter l'avenir, inscrit d'avance, à la manière du passé, selon le schéma du fatalisme, relève de l'illusion et d'une symétrie postiche, qui assimile indûment l'avenir au passé.

Quant aux tentatives psychologiques ou parapsychologiques en la matière, elles n'ont point fait leurs preuves, et relèvent le plus souvent de présupposés qui n'éclairent point objectivement la question.

N. B. Les prédictions sont un sujet redoutable. La théologie l'évite ou le réduit en général. Il n'y a point d'article *Prédictions,* ni dans le *Dictionnaire de Théologie catholique,* ni dans son *Supplément,* ni dans le *Dictionnaire apologétique,* ni dans le *Dictionnaire de Spiritualité.* S'il y est fait allusion dans l'article : *prophétie,* on y explique surtout que la prophétie ne s'identifie point à la prédiction, et ce dernier point est traité avec d'expresses réserves.

Dans le cadre d'hypothèses aventureuses où l'avenir serait inscrit d'avance comme un passé, ces prévisions ne seraient qu'une lecture de l'avenir, analogue à celle du passé par les historiens.

Selon la philosophie classique, et surtout Bergson, qui a bien perçu l'inexistence du futur en même temps que l'irréversibilité du temps, ces prédictions sont inexplicables, sinon par une communication mystérieuse du Dieu transcendant.

LES PREUVES GRAPHOLOGIQUES DE L'ANTERIORITE DES PREDICTIONS SUR LES REALISATIONS

La critique historique prouve rigoureusement l'antériorité des principales prophéties (1922-1929) sur leur réalisation (ci-dessus p. 13).

Mais le recoupement de la graphologie n'est pas du luxe en matière si étonnante.

Trois expertises successives et indépendantes ont établi

1. que l'écriture d'Yvonne Beauvais avait une évolution bien caractérisée,
2. que les prédictions rédigées de 1922 à 1929 ne sauraient être postérieures à 1935.

I. Janine Monnot, membre réputé de la Société de graphologie (et du G.G.C.F. : Groupement des Graphologues Conseils de France), à qui avaient été soumis des échantillons d'écriture échelonnés de 1922 à 1951, distingue nettement trois périodes :

- la première (1922-1927), caractérisée par une vie intérieure intense,
- la seconde, période de transition (1927-1935) où la personnalité « s'unifie, se discipline » caractérisée par « une disponibilité, une aisance, une assurance, une envergure », qui trouveront toute leur plénitude dans la période suivante,
- en cette troisième période (1935-1951), elle sort de son individualité limitée pour « transposer sur un plan supérieur son besoin d'activité », sur « un champ élargi jusqu'à une communion cosmique avec le réel ».

Les prédictions de 1922-1929 sont rigoureusement datées de la première période et du début de la seconde.

II. Suzanne Hotimsky, non plus graphologue, mais expert en écriture près de la Cour d'Appel de Paris, spécialisée en datation et identification de documents litigieux, fit, le 26 janvier 1959, une nouvelle analyse de l'évolution des formes d'écriture.

Le 20 mai 1970, à la demande de l'abbé Paul Labutte, la même Suzanne Hotimsky, alors devenue Présidente de la Société technique des experts en écriture, et monsieur Mirot, archiviste paléographe, Conservateur en chef de la section ancienne des *Archives nationales*, examinèrent l'évolution de l'écriture en fonction des prédictions contenues dans les lettres et carnets de 1922-1929. La conclusion de leur rapport est formelle :

> « Il ne fait aucun doute que les deux dits documents n'ont pas été tracés à une époque ultérieure, c'est-à-dire pendant la période allant de 1940 à 1950 », qui est exclue.

III. Pierre Janneau, graphologue conseil, à qui nous avons demandé, en fonction de nouveaux problèmes, de nouveaux examens minutieux de l'écriture d'Yvonne-Aimée, est parvenu, indépendamment des rapports précédents que nous ne lui avions pas montrés, à la même conclusion. La graphologie confirme la date des documents.

DOCUMENTS

I

LETTRES AU PÈRE CRÉTÉ
(15 juillet 1922-29 mars 1925)

*C'est le 4 juin 1922, au cours de son premier séjour à Malestroit (19 mars-2 septembre 1922) que le Père Crété, Recteur du Collège de Saint François-Xavier à Vannes, prend en charge Yvonne (*Vie*, p. 62). Il a bien discerné que cette destinée est riche et insolite. Il l'invite à tout lui confier, non par curiosité, mais pour juger sur une connaissance complète et sans fard. La distance entre Malestroit et Vannes (36 km) exige une correspondance. Pour le père Crété, la première lettre date du 19 juin et, pour Yvonne, du 14 juillet.*

Le Père lui ayant bien recommandé de tout dire, le lendemain, 15 juillet, elle se souvient d'une omission : elle ne lui a pas parlé d'un rêve et ce rêve s'est reproduit plusieurs fois. Il l'a frappée, et elle ne rêve pas d'habitude. Elle le rapporte scrupuleusement, sans en comprendre le sens, sur cette demande du directeur. Elle a vu des colombes meurtries....

Ces colombes sont les religieuses de Malestroit ; les blessures, ce qui altère leurs rapports personnels ou communautaires avec Dieu. Yvonne-Aimée aura des intuitions sur ces défaillances qui paralysent la vie de la Communauté, se sentira portée à en faire part, à commencer par Mère Madeleine. Les difficultés seront vaincues ; les blessures, réparées ; les « colombes », remises totalement à Jésus, car ce n'est pas une action personnelle qu'Yvonne-Aimée poursuit, c'est une mission tout orientée vers Lui.

Cette prémonition symbolique est globale. Il serait vain de vouloir identifier les détails, comme nous le ferons plus loin, pour des prémonitions plus précises.

Ce rêve oublié (sans doute suite à d'autres qu'Yvonne avait pu confier oralement au Père Crété lors de leur premier contact) posa le problème que le Père Crété s'attache à résoudre sur pièces : ces songes, qui s'enchaînent avec insistance et cohérence, et s'imposent à l'esprit d'Yvonne sont-ils porteurs d'un message lié à la mission surnaturelle d'Yvonne ?

Je me voyais religieuse et voyageant j'étais en Augustine (or les augustines ne voyagent pas !) et je voyais des avions jeter des gros cylindres sur les trains, sur les gares, et détruire et incendier tout. je voyais des hommes habillés de vert monter et descendre du train. on aurait dit des costumes militaires mais cependant cela ne ressemblait en rien à nos soldats.

J'avais le coeur serré et j'entendais une voix grave et douce qui disait ce sera l'épreuve, la grande épreuve prie, prie beaucoup surtout pour les prêtres, les prisonniers.

Yvonne s'excuse auprès du P. Crété de lui avoir dit, par obéissance, ces « litanies d'absurdités » : ses prédictions (Lettre du 29 septembre 1923, ci-dessous, p. 50).

1

15 juillet 1922

Les « colombes blanches, mais meurtries » confiées à Yvonne

Lettre au Père Crété
Malestroit, samedi 15 juillet 1922, n° 124

J'avais oublié l'autre jour, mon Père, de vous parler d'un « rêve » fait il y a plus d'un mois [début juin 1922].

Ce n'est absolument qu'un rêve, mais sans me troubler, il m'avait produit une forte impression, parce qu'il s'est renouvelé plusieurs nuits de suite.

J'étais sur les genoux de Jésus... j'étais une petite fille qu'Il serrait dans ses bras, nous ne disions rien, mais j'éprouvais un bonheur immense à rester muette près de son Cœur. Puis, tout à coup, Jésus me pose à terre en me disant :

— Ce n'est plus l'heure de la récréation, il faut travailler maintenant.

Puis, me prenant la main, il me fait traverser un grand couloir. A gauche se trouvaient des gens du monde, à droite des religieuses. Après avoir marché bien longtemps, sans parler, mais ayant bien souvent échangé avec mon Dieu des regards chargés d'Amour, Il m'ouvre une porte, c'était à gauche.

Je me trouve alors dans une grande chambre sombre et vide, dont les murs étaient couverts de rosiers.

— Travaille maintenant, me dit Jésus.

Puis Il disparut. Je m'approchai des rosiers chargés de roses et d'épines et j'y découvrais des colombes. Il y en avait d'immaculées mais sanglantes, d'autres moins blanches mais meurtries. Pour les avoir, je m'écorchais les mains, je pleurais, je souffrais et quand finalement je l'avais dans mes bras, Jésus me la prenait, me disait :

— Merci, puis s'en allait.

C'est tout, mon Père, je me souviens de ce rêve comme s'il était de cette nuit. Je n'y arrête pas ma pensée... ce n'est qu'un rêve... mais après la seconde nuit comme je n'ai pas l'habitude de rêver, j'en avais parlé à Mère Madeleine qui m'avait répondu de n'y faire aucune attention, et qui avait ajouté :

— Donnez des âmes au Bon Jésus.

Ce songe énigmatique sera expliqué dans la lettre suivante *(p. 30)*.

2

18 août 1922

La Croix, l'évêque et les colombes

[Malestroit] 18 août 1922, n° 206
Yvonne au Père Crété

Mon Père,

Je réponds immédiatement à votre lettre de ce matin. Depuis que je vous avais écrit, je souffrais beaucoup, maintenant je souffre doublement.

Je souffre de vous avoir fait de la peine et de penser que de nouveau je puis vous en faire.

Oh ! mon Père, vous ne croyez point que ce soit Jésus qui m'ait envoyé ce songe. Je ne puis malgré moi croire que ce soit l'œuvre du démon et cependant, cela peut être puisque vous le pensez.

En ce cas, mon Père, j'ai peur, très peur de Satan qui peut, comme vous me l'avez dit, prendre l'aspect d'un Ange de lumière pour s'introduire dans mon esprit.

Peur de n'être pas assez fidèle et de ne pas assez montrer à Jésus que je L'aime. Mais puiqu'Il voit au fond de mon cœur, Il sait tous mes désirs vrais, Il sait que j'aimerais mieux mourir que de ne pas être comme Il veut.

Vous espériez mon Père que je vous parlerai de... cela dans ma lettre précédente — mais sans certitude absolue, sans preuve que c'est bien Jésus qui me parle, dois-je vous parler de tout ce que j'entends — ou je crois voir ?

Je ne vous ai pas causé de plusieurs détails qui me reviennent seulement en mémoire [*Ici commencent les prémonitions*] :

Prémonition	*Réalisation*
Je voyais aussi, après ce songe je n'en ai causé à personne) le Seigneur Jésus lui-même qui me mettait au cou une croix blanche, en me disant : — « Elle t'aidera à porter ton fardeau. »	Le fait s'est réalisé le *5 juillet 1941 à Malestroit :* « Il est venu vers 9 h 1/2. » Il lui a passé au cou la croix en ivoire blanc » Carnet de Sr Marie de la Croix (5 juillet 1941, n° 316).

Puis je me voyais assister au sacre d'un évêque dans une église que je ne connais pas, et Jésus disait :	Yvonne était présente au sacre de Mgr Picaud qui eut lieu à la basilique Ste Anne d'Auray le *1er juillet 1925.*
— Cet évêque sera bon pour toi, et toi,	Mgr Picaud aida Yvonne, d'abord comme supérieur ecclésiastique de Malestroit (1924-1931), puis comme évêque. Il fut son principal soutien.
tu le soutiendras par tes prières et sacrifices,	Yvonne-Aimée pria pour lui : dans ses difficultés, pour sa santé fragile (nombreuses lettres). Elle lui donna des réponses qui l'éclairèrent dans ses difficultés.
surtout quand il sera dans le pays de Ste Thérèse de l'Enfant Jésus.	Mgr Picaud devint évêque de Bayeux et Lisieux, de 1931 à 1954. Yvonne continua de prier pour lui.
Ce détail se place dans mes pensées avant celui de la croix blanche.	Le sacre est de 1925, et la croix blanche mystérieusement reçue par Yvonne-Aimée, en 1941 (n° 316).
Je me vis aussi en prison et un Ange venant me délivrer.	Cette incarcération dans les prisons de la Gestapo se situe le 17 février 1943 (*Vie,* p. 168).
Il n'y a que dans la croix blanche que j'étais habillée en religieuse.	Lors de l'imposition de la croix en 1941, elle était Supérieure de Malestroit et Présidente du Conseil de l'Ordre ; pour l'incarcération, en civil.
Pour les autres tableaux, j'étais en civil	En 1925, au sacre de Mgr Picaud, elle n'était pas encore religieuse. Elle ne le sera qu'en 1927. Pour l'incarcération de 1943, elle était en civil, comme souvent lors de ses « missions » (*Vie,* p. 168).
mais je me sentais plus jeune dans le premier tableau que dans le troisième.	Dans le premier (le sacre de Mgr Picaud : 1er juillet 1925), elle avait 23 ans, et 41 ans lors de l'incarcération du 17 février 1943.
Enfin je vis une nuée de colombes blanches tourner autour de moi	Les Sœurs en costume blanc dont elle eut la charge comme : Maîtresse du Juvénat : 1932, puis Maîtresse des Novices : 1933 Supérieure de Malestroit : 1935-1946 Supérieure générale, en 1946.
Puis je ne me vis plus, mais une colombe blanche, plus blanche et brillante que les autres, prit ma place. Elle tenait dans son bec un	Ici, la prophétie est plus obscure et laisse hésitant entre 2 hypothèses. — ou bien il s'agit de Mère Marie-Anne qui « prit la place » de Mère

rameau d'oliver — elle avait une blessure au cou, le sang tachait son plumage mais ne l'abîmait pas.

Elle allait et revenait près des autres colombes ; j'ai vu de jolies choses ici, mais je ne sais pas les dire.

Yvonne-Aimée, d'abord comme Supérieure de Malestroit, puis comme Supérieure générale de la Fédération,
— ou bien Yvonne-Aimée se voit elle-même, de laïque devenue religieuse (colombe blanche), mais il reste voilé à ses yeux qu'elle est cette colombe plus blanche et brillante que les autres. La suite lui convient mieux qu'à Mère Marie-Anne. Elle ramène la paix dans la Communauté divisée (rameau d'olivier). Elle subit maintes blessures (sévices du démon), mais toutes les épreuves et tentations subies n'atteignent pas son très pur amour et don d'elle-même au Christ seul.

Après ces espèces de rêves, je n'y pense plus, aussi j'ai du mal à me souvenir de tout.

Aujourd'hui je suis dans l'obscurité complète — je ne sais plus ce que je dois faire.

Pour les paroles de Jésus, le 13 au soir [1], je ne pense pas qu'il s'agissait d'une personne de la Communauté, mais d'une autre que je vous nommerai si vous le voulez, mon Père.

Mais ce que je voudrais, c'est devenir très humble, très bonne, très charitable, toute simple et vraie, je ne désire rien d'autre que cela.

Mère Madeleine vous a dit les grâces de ces jours-ci, je n'y reviens pas — elle a tout vu, tout contrôlé. Qu'Il est bon, le Seigneur Jésus, de

1. Voici les paroles de Jésus à Yvonne-Aimée dans l'apparition du 13 août :
— *Ma petite bien-aimée, beaucoup d'âmes s'arrêtent sur le chemin de l'amour, car trop chancellent dans la voie du sacrifice. Ne sois pas de celles-là ! Pour aimer beaucoup, il faut savoir se mortifier, mortifier son corps, mais encore plus son esprit (...)*

Soudain sa figure devint triste et je vis deux grosses larmes rouler sur les joues de mon Bien-Aimé

— *Oh Seigneur, lui dis-je, est-ce moi, est-ce une de nous ? (je comprenais Mère Supérieure et Mademoiselle B[ato]) qui vous fait de la peine ?*
— *Non, me répondit-il. Je suis content de vous ! Mais il y a une âme que j'ai comblée de grâces, que j'aime parce qu'elle est vaillante et généreuse... mais qui s'éloigne de mon cœur parce qu'elle a trop de confiance en son propre jugement et ne possède pas de vraie humilité.*

La personne en question n'est pas identifiable. Sœur Yvonne-Aimée a bien gardé son secret.

me gâter ainsi, car je ne le mérite pas, il y a tant de saintes âmes sur la terre — et c'est vers moi qu'Il vient.

Mais je suis persuadée que c'est pour que cela serve à d'autres.

Le don de Dieu l'engage dans une mission et des fonctions : sa vie sera toute vouée au service des autres.

J'essaie de faire beaucoup de petits sacrifices — de n'en point laisser passer.

Mais, Père, apprenez-moi surtout à bien L'aimer, à bien Le servir.

Votre fille très reconnaissante.

Yvonne.

3

28 octobre 1922

La guerre de 39 sur l'Europe [1]

Stella Maris, Anglet (Basses Pyrénées)
28 octobre 1922, n° 392
Yvonne au Père Crété

Mon Père,

Je vous écris de mon lit, le démon s'est acharné cette nuit sur moi et ce matin, j'ai été incapable de me lever. Heureusement j'avais une bonne migraine qui a fourni l'excuse à ma sœur, et de cette façon, on évite de venir près de moi pour me laisser reposer.

J'ai plusieurs plaies dans le dos et une sur la poitrine et cela me fait très mal quand je bouge. J'ai pu soigner celle du devant mais pas les autres.

Ceci n'est rien cependant à côté de la peur que j'éprouve quand le démon se montre. Je tremble et une sueur froide me recouvre. C'est une vision atroce.

Quand j'appelle Jésus, le démon se cache mais il revient, saute sur mon lit et ses ongles labourent ma chair. Il me semble que tout mon corps est en feu.

Mais je souffre encore plus dans mon âme. Oh ! mon Père, priez pour moi, *je voudrais tant être comme tout le monde.* Aimer Jésus de tout mon cœur, de toute mon âme... mais *sans tout cela.*

Est-ce que je puis demander cette grâce. J'ai tellement la crainte de ne pouvoir supporter cela sans me plaindre et je me sens seule et bien petite dans tout ce surnaturel.

Je n'ai comme seul désir [que] d'aimer follement le S. Jésus — L'aimer autant qu'une pauvre petite misère comme moi peut L'aimer — et je veux bien au fond tout ce qu'Il veut.

J'ai aussi une crainte que je veux vous confier — c'est celle que toutes ces frayeurs me rendent nerveuse. Je me sens très calme entre tous ces assauts et je m'efforce de ne pas penser à cela — ce qui m'est bien facile, car par tempérament, j'oublie facilement tous mes soucis après qu'ils sont passés.

1. Voir note hors-texte, p. 35.

PREDICTIONS SUR LA GUERRE

Récapitulation

1,3 : les bombardements : p. 37.
1,7 : le déferlement des « hommes habillés de vert » : p. 50.

La question a été posée à Madeleine Munich au procès de béatification, 17 décembre 1957, n° 434 :
Le juge délégué : — Savez-vous si elle a prévu la guerre de 1939 ?

Réponse : — Je me rappelle que, pendant que je griffonnais des avions sur le ciel d'une carte postale de Malestroit, elle regarda et dit : « Oh, il y en aura bien plus ! » Je crois maintenant qu'elle prévoyait l'avenir. Cela se passait quelques années avant la guerre de 1939. (PO Vannes, 764 r)

Allusion énigmatique
à une prédiction d'Yvonne sur la guerre imminente

Nous citons pour mémoire ce texte où Louis Demolon, ingénieur civil (Paris XIe) écrit à Yvonne-Aimée en faisant allusion à une demande d'intervention qu'elle semble avoir suggérée, et à l'annonce « de 25 années de tranquillité ». Ces allusions se prêtent mal au décryptage que chacun pourra tenter :

> Il n'est pas douteux que les événements vont se précipiter. Toutefois, selon votre conseil, nous envisageons la démarche que vous nous indiquez. Monsieur Z. est parti en avion à NW. Ainsi tout marche bien, vous aurez, sans trop tarder, la solution. Ecoutez la TSF. Je ferai tout mon possible pour que la déclaration se fasse le 15 [avril ?] comme vous l'indiquez. Que feront les peuples à cette annonce ? Nos alliés seront contents, satisfaits... Les autres seront peut-être pris au piège. Enfin, comme vous le dites, c'est à tenter. Que Dieu bénisse nos efforts et démarches... Qu'il daigne vous donner la lumière, la force. Qu'il daigne aussi vous conserver pour notre soutien et celui de notre pays... pour la paix du monde. *Vingt-cinq années* de tranquillité, ce serait bien souhaitable ! ! (Lettre de L. Demolon à Yvonne, 7 avril 1939, n° 201).

La suite parle de plans et de démarches codés par des initiales indéchiffrables, des projets incontrôlables (« Accompagnerez-vous H. à Burgos ? »), que recoupe l'envoi par Yvonne d'un télégramme à Madère dont le texte n'a pas été conservé. Cette lettre est l'indice qu'Yvonne est mêlée à des tractations discrètes, indécryptables. Il peut être utile de baliser cette zone secrète.

Mais j'ai quelquefois maintenant des *cauchemars* et je me réveille en pleurant ou toute tremblante. Je crois que cela fait trois fois depuis 8 jours. C'est extravagant, comme les cauchemars, mais cela me fait quand même impression.

Prédiction	*Réalisation*
Cette nuit, je voyais des démons répandus sur toute la terre. Je voyais, comme un globe lumineux, le monde tourner. (On vend de ces cartes en globe pour apprendre la géographie aux enfants.)	Action du démon dans tout l'univers.
Mais ce globe était très grand et je voyais distinctement tous les pays du monde, et je me promenais partout.	Comme Présidente du Conseil de l'Ordre, puis comme Supérieure générale, Yvonne-Aimée voyagera en Angleterre, au Canada et en Afrique. A cela peuvent s'ajouter les mystérieuses missions qu'elle eut le sentiment d'accomplir en Allemagne (Cologne), en URSS et au Paraguay (point plus mystérieux) ou en Chine[1].
Le Seigneur Jésus d'abord me guidait.	Cette phrase semblerait désigner les « missions » mystérieuses d'Yvonne-Aimée.
Je traversais les mers.	Elle traversa la Manche et l'Atlantique nord-sud pour l'Afrique du Sud : embarquement à Marseille le 11 février 1938 et est-ouest pour le Canada (août-octobre 1939).
A certains moments Jésus disparaissait et une nuée de démons s'acharnait après moi.	Yvonne-Aimée continua d'être victime de mystérieux sévices du démon, objets d'un autre dossier.

1. RECOUPEMENT SUR LES « MISSIONS » D'YVONNE-AIMÉE EN U.R.S.S., en attendant une étude problématique sur ces missions, où il paraît le plus souvent impossible de trouver aucun recoupement.

Voici un témoignage du T.R.P. Gervais Quénard, Supérieur Général des Assomptionnistes, daté de Rome le 18 décembre 1955 (complément au témoignage envoyé par l'abbé Bourgoin, cousin de Mgr Neveu, ex-évêque de Moscou) :

Monseigneur Neveu, avec qui j'étais en Russie, il y a 50 ans, et avec qui je fus en rapport intime jusqu'à sa mort, en 1946, m'a affirmé plusieurs fois que la Servante de Dieu, Yvonne-Aimée de Jésus, avait eu connaissance, à distance, de personnes et de faits que lui-même était parfois seul à connaître, à Moscou, et qu'elle était intervenue, d'une façon inexplicable, en faveur de ces lointains inconnus.

A noter le fait suivant : Monseigneur me signala en particulier qu'elle avait eu connaissance d'un sacrilège horrible et vraiment inimaginable, qui avait été commis par un prêtre et par une femme, à l'égard de la sainte Eucharistie, et dont il avait eu connaissance lui-même, à Moscou, au tribunal de la pénitence.

Monseigneur me fit rencontrer la Vénérée Mère, à Paris, 10, avenue Bosquet, pendant la guerre (1942 ?). On fit allusion aux faits de Moscou mais sans donner aucun détail particulier.

Je vis des hommes habillés avec un drôle de costume, je voyais surtout qu'ils avaient un grand ruban : certains bleus, certains rouges et noirs, avec de très grosses médailles — mais ces décorations étaient maniées par des démons, tournant autour de ces hommes.

Il s'agit sans doute des francs-maçons, dont sœur Yvonne-Aimée a le sentiment de s'occuper dans ses missions mystérieuses.

Je voyais de ces hommes et de ces démons dans toute la terre, faisant le mal. Ils maniaient beaucoup de sacs d'or et je voyais des pièces d'or comme du feu.

Je ne puis vous dire l'impression de tristesse profonde qui traversait mon âme pendant ce temps.

Ensuite je voyais ces démons s'acharner sur l'Europe, puis des multitudes d'hommes se battre, se tuer, se déchirer, des foules immenses se sauvant devant des incendies,

Guerre *1939-1945*.

le feu descendant du ciel et courant sur la terre.

bombardements aériens de la deuxième guerre mondiale.

Jésus quelquefois venait me rassurer et me dire :

— « Souffre, prie, c'est en expiation. »

Toujours la 2e *guerre mondiale*.

Puis le globe, la mappemonde tournait en feu devant mes yeux horrifiés.

— « Reste calme, disait Jésus. »
Mais à l'intérieur mon cœur battait à se rompre.

J'avais des amis qui priaient, mais personne ne pouvait comprendre cependant la douleur que je portais, le poids sur mon âme.

Sur cette mappemonde, il y avait un gros chiffre : 17.

1922 + *17* = 1939 dans 17 ans, en :

Sur la France, j'ai vu un chiffre : 39.

1939 : début de la guerre mondiale.

La Sainte Vierge portait une corbeille faite de roses.

Une « couronne des 15 roses du Rosaire » fut réalisée à Malestroit pour la journée de prière du 5 août 1944, dans le cadre de la croisade des 1 000 Ave.

J'avais l'impression que ce tableau

Guerre mondiale 1939-1945.

durait quatre à cinq années, puis d'un temps, que je n'ai pu évaluer — après quoi,	Cinq ans (et quelques mois) dont quatre années d'occupation pour la France.
j'ai vu une France lumineuse éclairant et pacifiant tout le monde.	Réconciliation franco-allemande dans le cadre de l'Europe unie.
Je voyais Malestroit comme une oasis de calme au milieu de la tempête,	Malestroit évita les représailles et destructions prévues (*Vie,* p. 181).
et cependant je vis aussi qu'il serait mis à l'épreuve (le couvent).	Réquisition et occupation du Pavillon St Jean Vianney, perquisitions dans la clinique, menaces, etc.
A ce moment, un homme surgit, qui me donna un coup de stylet dans le cœur. Je me réveillai en pleurant.	Un des dénonciateurs et accusateurs de mars 1943 (*Vie,* p. 169-176).
Puis, étais-je éveillée ou de nouveau endormie, je vis de nouveau des démons s'acharner après moi — des démons horribles... comme jamais encore je n'en avais vu.	Il est plus difficile de préciser cette épreuve qui paraît ultérieure : sévices du démon ? autres épreuves ? ou les dernières maladies et la mort qui suivent de près.
Je passe bien des détails, je ne me souviens pas de tout — je me souviens cependant qu'un jour,	
je me trouvais sur un bateau pendant une tempête — des démons essayaient de faire chavirer le bateau — et ils dirent : « Nous n'avons pu faire ce que nous voulions, mais nous ferons pire et nous te ferons souffrir à petit feu.	Voyage de M. Yvonne-Aimée au Natal en 1938 : Grosse tempête en Méditerranée le jour du départ, 11 février 1938, et au retour du Canada, 5 octobre 1939.
Nous entasserons des preuves contre toi et t'enlèverons tes amis. Par l'orgueil, on arrive à de bons résultats. »	Toujours les soupçons et accusations du premier semestre 1943 (*Vie,* p. 169-176).
Mon Père, quelle litanie d'absurdités, je vous raconte là. Demandez au Bon Dieu que je ne perde pas la tête, et puisque je L'aime.	
Dites-moi si je dois continuer à vous ennuyer de toutes mes divagations. Je vous avoue que ça m'humilie de vous raconter tout cela.	
Est-ce que vous avez connu des âmes qui avaient des choses semblables et qui aimaient beaucoup le Seigneur Jésus ?	
Aujourd'hui, je pense que vous resterez toujours mon Père, car je vous ai vu assez âgé,	Dernier voyage du Père Crété. L'évêque l'avait séparé d'Yvonne (*Vie,* p. 110) et un adversaire l'avait

vous aviez bien 75 ou 80 ans, peut-être plus, et vous étiez au milieu d'Augustines, à Malestroit.

De loin bénissez votre pauvre enfant et gardez-la bien dans la vérité, dans l'humilité.

Yvonne.

Excusez les fautes, je n'ai pas le temps de me relire avant le départ du courrier.

retourné contre elle. C'est malgré tout cela qu'il lui revint, très âgé, juste avant sa mort (*Vie*, p. 172). Agé de 75 ans (peu avant sa mort le 15 juillet 1943) il est resté à la Clinique du 7 avril au 15 juin 1943 (*Vie*, p. 174).

4

1er mai 1923

Elections présentes et futures Eloignement et retour du Père Crété, son confesseur

Malestroit, mardi 1er mai 1923, nº 262
Yvonne au Père Crété

Prédiction

Mon Père,

La volonté du Seigneur Jésus semble s'être accomplie tout entière. Mère A[nge] G[ardien] reste supérieure, les autres restent à leur poste — un seul et grand changement, cependant, l'élection de Mère Madeleine, 1re discrète.

Cette nuit [du 30 avril au 1er mai] vers 11 h 30, alors que j'étais tourmentée au sujet des élections, Jésus vint. Je ressens toujours une certaine crainte quand je Le sens ou je Le vois... je ne puis maîtriser cette peur que j'éprouve en face du surnaturel au premier abord — car après c'est une joie calme et profonde qui pénètre en moi.

Donc Jésus vint et me dit qu'Il était content de la façon dont les élections *se passeraient* — si bien que mon expression heureuse et réjouie de ce matin a dû éclairer les initiées.

La nomination de Mère Madeleine montre que la Communauté a de l'estime et de la confiance en elle, maintenant. Dès le premier scrutin, Mère Madeleine a réuni le plus de voix.

Explications et réalisation

Cette première partie de la lettre est écrite après la messe, au cours de laquelle ont eu lieu les élections. Yvonne ne parle donc de sa prédiction (d'ailleurs assez vague) qu'après la réalisation : Mère Madeleine a été élue à cette fonction de conseillère.

Cette prédiction est confirmée par le carnet de sœur Agnès de Jésus, Falligan, en date du 1er mai 1923 (nº 263). Elle rapporte ces paroles d'Yvonne : « Ce matin Jésus m'a dit qu'aux élections, sa volonté s'accomplirait tout entière. Je savais donc d'avance lesquelles seraient élues, mais j'avais défense d'en rien dire. »

L'élection de Mère Madeleine du Sacré-Cœur, Bato, comme 1re conseillère, était importante pour surmonter les difficultés et divisions de la Communauté.

Le démon ne m'a pas abîmée hier soir, mais il a essayé de me persuader encore que je n'étais pas droite, que c'était lui qui me trompait. — Oh, mon Père, je me confie à vous, je vous dis tout, vous ne me laisserez pas dans l'erreur si j'y entrais.	
Jésus m'a dit qu'à différentes époques de ma vie, j'aurais à subir de grosses et douloureuses humiliations, mais qu'il fallait que je garde toujours ma foi, ma confiance, mon abandon.	Sur ces humiliations et accusations, voir la *Vie,* p. 133-135, 168-176. Yvonne-Aimée y revient souvent dans ses lettres au Père Crété : 1er mai 1923, 6 juillet, 1er août, 29 septembre, 20 janvier 1924, 26 septembre, 4 décembre.
J'ai dit à Jésus que s'Il vous gardait à moi, cela irait, car je n'avais qu'à obéir, mais qu'il fallait me faire cette grâce. Et j'ai cru comprendre que je serai	Ici affleure le pressentiment qu'elle sera séparée du Père Crété (*Vie,* p. 110) et qu'il doutera d'elle avec ses accusateurs (p. 168-169)
bien des années	de 1924 à 1941
sans pouvoir	elle ne pourra
me confesser à vous,	se confier au Père Crété.
mais que	Les pouvoirs lui ont été retirés par le P. Mollat, provincial en 1924, lettres n° 780 et 791.
cela reviendrait,	
et que le Supérieur	Le Père Datin, nouveau provincial,
qui me redonnerait	redonna au Père Crété
cette permission	le pouvoir de confesser Yvonne en juillet 1941.
mourrait	Il mourut le 26 mars 1943
moins de... ou deux ans après.	moins de deux ans après.
Ce sera quand j'occuperai une charge qui me pèsera lourdement.	Yvonne-Aimée est élue Présidente du Conseil de l'Ordre en 1938 (p. 158), avec charge de former la Fédération dont elle deviendra la première Supérieure générale en 1946 (p. 191).
Mais tout cela est embrouillé et je n'y comprends absolument rien. c'est pour vous obéir que je vous dis tout.	
Comment un supérieur pourrait-il me redonner la permission de me confesser à vous — et qui pourrait donc m'interdire de me confesser à mon Père ?	C'est Mgr Picaud qui redemanda les pouvoirs au Père Datin en 1941, lors d'un séjour que fit celui-ci à Malestroit. Rien ne se serait fait sans cette intervention épiscopale.
Je suis navrée d'être aussi compliquée dans mes pensées, alors qu'il me semble que tout en moi est si simple. Heureusement que les directeurs ont grâce pour voir clair.	

Hier soir, je me suis endormie pendant que je disais mon chapelet. J'aurais dû à mon réveil redire ce que je n'avais pas dit, je ne l'ai pas fait, j'ai manqué de générosité.

Et puis j'ai raté un sacrifice. Mère Madeleine voulait que je fasse une chose — je ne l'ai pas faite aussitôt, ce n'était pas pour désobéir mais pour ménager la susceptibilité de ma voisine — Je n'avais pas à m'occuper de cela — Je raisonne trop, c'est désolant, je ne me corrigerai donc jamais.

Pourtant j'aimerais mieux mourir que d'offenser Jésus. Il doit bien le savoir. Ah ! surtout qu'Il me rende telle qu'Il me veut, et me garde bien petite, bien humble, bien vraie.

Bénissez votre enfant, mon Père, et priez s'il vous plaît pour elle.

Yvonne.

5

6 juillet 1923

Tu seras accusée
Cette épreuve aidera à sauver le monde

Malestroit, vendredi 6 juillet 1923, n° 401
Yvonne au Père Crété

Mon Père,

Cette nuit [premier anniversaire de la grâce fondamentale du 5 juillet 1922 : *Vie,* p. 64], j'ai passé cinq heures près du Saint-Sacrement exposé, et j'ai passé mon temps à demander pardon pour moi, pour les pécheurs, pour les prêtres.

Je voudrais ainsi passer toutes mes nuits, mais hélas, dès ce soir, il me faudra rester au lit de 9 h à 6 h du matin avec le cœur oppressé et l'âme toute meurtrie.

Prédiction	*Réalisation et commentaire*
Père, j'ai peur de tout l'extraordinaire de ma vie, je ne veux pas vous tromper et je me crois fausse. Je ne vois en moi que misère et péché. J'ai peur de vous mettre dans l'erreur en vous racontant tout ce que je vois, tout ce que j'entends, tout ce que je crois comprendre. Etre fausse serait mon tourment cependant, et par moments ma vie me fait si peur, je voudrais être comme tout le monde. On peut bien aimer le S. Jésus sans tous ces faits mystiques. J'aime bien ce que ma raison peut comprendre, mais c'est de l'orgueil de penser cela et de le dire. Mais il faut bien que je vous dise tout. Et c'est pour cela que, prenant mon courage à deux mains, je vais	L'humilité d'Yvonne, sa prudence critique la faisant douter d'elle-même et de ses grâces, les accusations portées par des prêtres la troubleront profondément.

encore vous raconter quelque chose que j'ai vu cette nuit pendant que je priais.

Il me semblait que Jésus était près de moi. J'étais religieuse, mais j'étais quand même au
n° 3 de la clinique à travailler.

En 1946-47, Yvonne-Aimée, élue Supérieure générale, s'installa dans la chambre n° 3 (*Vie*, p. 193-194) qu'elle occupait, comme jeune fille en 1922-1923, à Malestroit (p. 61).

En 1923, cette chambre faisait partie de la Clinique et n'était pas occupée par les religieuses.

Il me disait :
— *Ma pauvre petite, je t'ai avertie déjà de ne pas t'appuyer sur les amitiés humaines, tu auras par elles de vraies joies,*
mais de grandes douleurs et déceptions... et ton cœur sera meurtri.

Tu seras accusée de mensonge par ceux qui auront cru en toi.

Les amis des premiers jours doutent les uns après les autres :
— les B. (p. 81),
— les C. : témoins à charge du procès de canonisation.
— *Epreuve de 1943 (p. 169-176)*

Un de ceux-là, un religieux, plus orgueilleux et cruel que les autres, poussé aussi par le démon, te fera passer pour une fausse mystique, une créature de péché.

L'accusateur du premier semestre 1943, qui comparera Yvonne-Aimée à Madeleine de la Croix, la fameuse abbesse franciscaine espagnole, possédée par le démon, à qui tout réussissait (*ib.*). De l'accusateur, le P. Crété disait : « Ce n'est pas l'esprit de Jésus qui le mène quoique, je l'avoue, son intention soit droite. » Lettre au Père Monier-Vinard, 24 avril 1943 (n° 253).

Sous le couvert de ma gloire à défendre, il agira contre ma volonté, et percera ton cœur d'un glaive.

Cependant tu auras aussi des cœurs amis pour te défendre — mais bien des doutes traverseront les esprits.

Au premier plan, Mgr Picaud, les Sœurs de la Communauté, le Père Monier-Vinard, Dom Cozien, Abbé de Solesmes, mais des doutes traverseront même le P. Crété (*Vie*, p. 169-171).

Accepte cette épreuve dès maintenant.

Ces prédictions sont fonctionnelles, elles préparent Yvonne-Aimée à assumer l'impossible.

Le temps de calamité
pendant lequel cette épreuve
t'arrivera

Guerre de 1939-1944 :
L'épreuve des accusations occupe le premier semestre 1943 (p. 169-196).

aidera puissamment à sauver le monde.

L'aide aux résistants, glorieusement reconnue, n'est que la partie visible de l'aide invisible apportée par Yvonne-Aimée, qui reste le secret de Dieu.

Tiens-toi bien unie à Moi et prie pour que, fidèle à la grâce, celui qui te brisera
redevienne un ami.

Il semble redevenir un ami dès la fin de l'entrevue de Quimper, le 5 juin 1943, mais oscillera de manière complexe entre l'amitié et la critique [1].

Mon Père, je n'ai pas compris grand-chose à cela et j'ai presque honte de vous faire cette confidence, mais j'ai promis de tout vous dire. Pourvu que je ne vous trompe pas.

J'ai tellement peur, c'est si extraordinaire que Jésus s'occupe de moi qui ne vaut rien.

Ainsi hier soir, j'ai été de mauvaise humeur et je l'ai montré, j'ai trouvé que Mère Madeleine avait exagéré un fait en le racontant, je l'ai mal jugée. Pardonnez-moi, je veux me corriger. Autrefois j'étais plus charitable que cela. Je ne voudrais pas être fausse.

Bénissez votre pauvre petite

Yvonne.

1. Un jour, se souvient-on dans la famille Bolloré, l'accusateur d'Yvonne la critiqua très fort. C'était après sa mort, semble-t-il. Monsieur Bolloré l'envoie en auto pour prendre son train, en hâte, à Quimper, mais l'auto a une collision grave qui arrache au Père cette réflexion :

— J'ai eu tort de mal parler de Mère Yvonne-Aimée.

6

1er août 1923

Un jardin, un prêtre, un petit évêque et l'affluence de prélats au Tricentenaire

Kermaria, mercredi 1er août 1923, n° 471
Yvonne au Père Crété

Mon bon Père,

Un mot de Kermaria où je suis arrivée à midi. Avant de partir ce matin, la petite Mademoiselle [Yvonne Bato] a reçu votre lettre qui disait, il me semble, que vous n'étiez pas sûr de venir à Malestroit.

Alors, mon Père, ne vous verrai-je donc pas avant mon départ, et je ne vois pas la possibilité d'aller à Vannes.

Mon départ approche — je ne veux pas trop y penser — j'ai du chagrin de m'en aller. Je sais cependant qu'il ne faut pas trop s'attacher, et que là ou ailleurs, je travaillerai pour les âmes, travail d'amour par la souffrance, celle que Jésus voudra, et qui bien acceptée me donnera droit pour moi et pour les autres de puiser dans le trésor des miséricordes de Son Divin Cœur.

J'ai éprouvé l'autre jour, un sentiment qui ne doit pas être bon, mais que j'ai du mal à analyser. C'est à propos de votre lettre commune à Germaine et à moi — et qui montre combien vous nous voyez « sœurs d'âmes ».

Or au lieu d'être heureuse que vous nous ayez rapprochées, j'ai éprouvé plutôt, mais je le crois très involontairement, un sentiment de gêne.

Je ne pense pourtant pas que ce soit un sentiment à base d'orgueil ou de jalousie, j'aime vraiment Germaine, je la sais bien meilleure que moi, plus vertueuse, je suis contente d'être son amie. Ce sentiment m'a donc troublée.

Devant N[otre] S[eigneur] j'ai cru comprendre que ma nature, mon tempérament ne s'accorde pas très bien avec le sien et que, me voir unie à elle par la même voie de réparation, me semblait difficile.

Ai-je péché en éprouvant ce sentiment-là ? Que faut-il faire pour le vaincre ? et réparer si j'ai offensé le S[eigneur] J[ésus].

Je veux être très bonne, très charitable dans mes pensées et jugements — L'aumône ou le don de soi-même aux autres vaut plus que de donner de l'argent à ceux qui n'en ont pas.

J'ai vu le Père Questel qui m'a parlé longuement et qui paraissait désirer savoir mes projets d'avenir. Je n'ai rien dit de ma vie actuelle, j'ai dit seulement que je voulais me donner toute au Bon Dieu.

Il m'a dit qu'il avait bien vu cela le jour de ma Première Communion et m'a demandé si j'avais oublié la promesse faite à Jésus dans cette petite chapelle de la rue de la Barouillère... de prier spécialement pour les prêtres et d'en attacher un tout spécialement à mon âme.

J'ai dit que tous les jours sans savoir qui c'était, je priais et souffrais pour ce prêtre et ces prêtres. Il a paru content et m'a rappelé des faits de mes 3 jours de retraite. Jésus avait déjà pris possession de mon cœur, de mon âme.

J'ai aperçu Monseigneur... de loin. Ça me suffisait... C'est vilain de vous dire cela. Si je l'avais vu de près, j'aurais été gentille quand même.

Prédiction	*Réalisation*
En me promenant dans les jardins, j'étais... partie ailleurs.	
Je me voyais dans un beau parc avec des	Description anticipée du parc qu'Yvonne-Aimée réalisera, huit ans plus tard, en 1931 :
arbres magnifiques	arbres magnifiques, d'essences
aux couleurs variées	et de couleurs variées,
des ronds-points avec des bancs	ronds-points avec des bancs,
un bel étang avec une île	étang avec une île et des cygnes,
des massifs de fleurs...	massifs de fleurs qui ont subsisté jusqu'à ce jour
et tout sentait bon... et la paix	On peut penser que cette vision a inspiré la conception qu'elle a eu de ce jardin à l'anglaise selon ses souvenirs d'Abbey Wood.
Pendant qu'en pensée je me promenais seule ainsi, plusieurs personnes s'approchèrent de moi — d'abord des religieuses, des Augustines, puis d'autres. Je reconnaissais peu les visages. Puis des prêtres, je me sentais présente et lointaine en même temps	Profession de sœur Yvonne-Aimée, 29 septembre 1931.
mais vous étiez là aussi.	Le Père Crété y viendra, prédicateur, malgré l'interdiction qui lui reste encore de confesser sœur Yvonne-Aimée.
Un religieux que je ne connais pas, plutôt brun, jeune et chauve, vint me causer. Il était entrain, heureux,	Toujours le Père C. qu'Yvonne-Aimée ne connaissait pas encore en 1923. Le Père était présent à la Profession d'Yvonne-Aimée. Le film pris ce jour-là l'atteste.
puis, tout à coup, je le vis triste et s'éloigner de moi.	Il deviendra un redoutable adversaire.

Je tombai par terre butant sur une pierre.

Ces accusations furent pour elle une pierre d'achoppement.

Un prêtre surgit du tournant, me prit la main, me releva — plus jeune que le précédent, grand, blond,
il m'appela, « Maman » et disparut joyeux —
mon cœur battait très fort.

L'Abbé Labutte avait été présenté à Mère Yvonne-Aimée étant séminariste, en 1925. Il eut avec elle une relation filiale profonde,
il l'appelait parfois « maman ».

A l'heure de cette prédiction elle ne le connaissait pas encore et il n'était pas encore au séminaire.

Un petit évêque disait son bréviaire — je sentais qu'il plaisait à Notre Seigneur, il paraissait souffrir et priait. Jésus le regardait semblant lui dire :

— Courage, les heures dures passeront, la souffrance est plus méritoire que les œuvres — mais il y a plus malheureux que toi, pense à ceux-là et ta souffrance disparaîtra.

Mgr Picaud (1 m 53) n'était pas encore évêque (*Vie,* p. 105). Il recevra sa consécration épiscopale à Ste Anne d'Auray en 1925 (*Vie,* p. 113). Yvonne ne le connaît pas encore.

Un autre évêque, grand,

fort,
me regarda aimablement
en passant dans une allée voisine.

Mgr Tréhiou, évêque de Vannes, successeur de Mgr Gouraud,
et de bonne stature
fut favorable à Yvonne
« Il fut toujours si bon pour notre Monastère, si paternel », écrit-elle à Dom Cozien le 21 janvier 1941, n° 27[1].

D'autres vinrent jusqu'à moi et me saluèrent aimablement.
Il y en avait

des noirs,
des blancs,
des violets
du moins des religieux, dignitaires... je crois.

Evêques et prélats afflueront à Malestroit
Bénédictins, vêtus de noir,
Trappistes, vêtus de blanc,
des évêques, en violet
Beaucoup d'abbés et prieurs, notamment au Tricentenaire organisé par Mère Yvonne-Aimée, en 1935.

Enfin mon Père, ce rêve... éveillée me poursuit encore ce matin — et tour à tour me donne grande joie et grande tristesse. Mais soyez tranquille. Comme tout ce que je vois et ne comprends pas, je laisse passer et après vous l'avoir dit, je n'y pense plus.

1. Les rapports avec Mgr Tréhiou furent généralement bons, mais il attendait beaucoup de Mère Yvonne-Aimée et cela n'alla pas sans une petite tension, signalée plus loin, note de la page 128.

On me disait que je n'avais pas d'imagination et je ne le croyais pas non plus. Qu'est-ce que tout cela cependant.	
En rêve aussi, j'ai vu il y a 2 ou 3 jours,	
Malestroit, le Couvent,	La Communauté de Malestroit
mais tout rajeuni,	fut reconstruite en 1930,
prolongé	agrandie
par les deux bouts	à un bout, à gauche, par la Clinique, inaugurée en 1929, à l'autre bout, à droite, par le pavillon Ste Thérèse, en 1935. La Clinique
de belles maisons modernes	était un bâtiment ultra-moderne
avec terrasse,	elle avait une terrasse.
beaucoup de monde.	
Il y avait 3 démons qui s'agitaient autour, essayant de nuire aux religieuses —	
une grande religieuse que je ne reconnus pas,	La grande religieuse
forte et vive, les repoussait	semble être Yvonne-Aimée elle-même,
et un Ange l'aidait.	aidée de son Ange qu'elle appelait Lumen.
Cette grande religieuse dont la figure était cachée semblait très unie au Bon Dieu, et Jésus semblait la chérir tout particulièrement.	Toujours Mère Yvonne-Aimée... cachée à elle-même : la prédiction reste voilée.

Voici mon Père tous les rêves, imaginations de votre pauvre fille — je n'y puis rien, n'est-ce pas ! et quelquefois j'ai peur de me laisser prendre par un sentiment qui entre en moi, si fort et si tenace, et qui me fait penser que tout cela vient de Dieu, malgré l'étrangeté de ces faits sans suite.

Mais au-dessus de tout cela, de tout l'extraordinaire qui me dépasse et auquel je ne prête guère attention, j'ai la volonté d'aimer Jésus en vérité — de me sanctifier en luttant contre moi-même, en me donnant entièrement pour le salut des âmes.

J'ai quelquefois l'idée que Jésus m'aime tout particulièrement, est-ce une pensée de vanité ou d'orgueil ?

Cependant je suis aussi convaincue de ma nullité, de ma misère — Que j'ai besoin de vos lumières mon Père pour me guider — je ne sais rien et n'y connais rien dans les choses spirituelles, je n'ai que de bons désirs mais j'ai une âme toute neuve — à vous de la former pour Jésus.

Votre enfant qui vous prie de la bénir.

Yvonne.

7

29 septembre 1923

« Dans le train, j'ai eu un drôle de rêve... plutôt triste »
« Des hommes habillés de vert »
« Des avions jetaient de gros cylindres et incendiaient tout »

Post-scriptum d'Yvonne au P. Crété,
Le Mans, samedi 29 septembre 1923, n° 607

Prédiction	*Réalisation*
Oh ! j'allais oublier de vous dire quelque chose de bizarre... C'est seulement bizarre, mais puisqu'il faut tout vous dire...	
Dans le train, j'ai dormi, et j'ai eu un drôle de rêve, si l'on peut nommer cela drôle... c'est plutôt triste que je devrais dire, et que cela me coûte de vous dire toutes ces choses-là !	
Je me voyais religieuse et voyageant.	Sur ses nombreux voyages, *Vie,* p. 128, 140-143, 151, 157-163, 167-168, 185, 192, 201-202.
J'étais en Augustine (or les Augustines ne voyagent pas)	En 1923, les Augustines (cloîtrées) ne voyageaient pas.
et je voyais des avions jeter de gros cylindres sur les trains, sur les gares et détruire et incendier tout.	Guerre de 1939-1944 : Bombardement aérien.
Je voyais des hommes habillés de vert, monter et descendre du train ; on aurait dit des costumes militaires, mais cependant cela ne ressemblait en rien à nos soldats.	Soldats allemands. En 1923, ils n'avaient pas encore le costume vert, qui n'apparaît qu'en 1934-1935. Ce costume, la nationalité qu'il représentait, étaient donc totalement inconnus d'Yvonne.
J'avais le cœur serré et j'entendais une voix grave et douce qui disait :	
— Ce sera l'épreuve, la grande épreuve.	La guerre, mais aussi, en 1943, l'accusation (*Vie,* p. 169-176).

Prie, prie beaucoup, surtout pour
les prêtres,
les prisonniers.

Le Père Labutte rapporte comment elle l'assista, mystérieusement, dans la colonne de prisonniers où il marchait en mai 1940 (Diaire Labutte, 9 juillet 1941, n° 334) [1].

Je me suis réveillée en sursaut. Le train s'arrêtait tout simplement. Ne tenez pas compte de ces divagations. C'est pour ne rien vous cacher. J'y ai pensé malgré moi une fois, mais j'ai repoussé ces imaginations de rêve, et j'ai dit une dizaine de chapelet.

Je vous écris avec une plume cassée, excusez-moi, mon Père.

1. Il avait très faim, elle lui avait remis un pain. Il avait hésité à la reconnaître. C'est elle qui lui reparla la première de cet incident.

Allusion obscure à un autre phénomène analogue dans la lettre de Mère Marie-Anne à Mère Marie-Madeleine de Lannion, 25 mai 1945 : « Nous avons eu la grande joie de recevoir hier une longue visite de « notre » Général Audibert ! [celui qu'Yvonne-Aimée avait abrité à la Clinique avant son arrestation]. C'est encore un rescapé de Buchenwald, qui est revenu grâce à un certain Bon Ange… vous vous en doutez », etc.

8

14 novembre 1923

« J'ai rêvé que vous étiez bien fatigué »

(Il s'agit ici d'une vision à distance plutôt que d'une prémonition.)

Paris, Avenue des Ternes,
14 novembre 1923, n° 687
Yvonne au Père Crété

Toujours rien de vous,
mon Père, j'ai peur
que vous ne soyez malade
J'ai rêvé, la nuit dernière,

que vous étiez *bien fatigué...*
J'espère que ce n'est qu'un rêve.

En recevant cette lettre, le Père Crété note son étonnement devant cette vision à distance :

« Je viens de passer une très rude semaine
où je me suis senti épuisé.
Je suis heureux que le S[eigneur] Jésus l'ait confié à sa B[ien] A[imée].

Crété.

9

20 janvier 1924

Le démon cherchera à me discréditer
Mais toute la vérité se saura un jour

Malestroit, 20 janvier 1924, n° 53
Yvonne au Père Crété

Prédiction	*Réalisation*
Mon Père, Juste quelques lignes, ne vous troublez pas, je vous en prie. Je ne peux tout vous dire en ce moment, je le ferais si je le pouvais.	
Si dans ma vie, il y a et pour le présent et dans l'avenir des ombres, des points d'interrogation, ce sera pour augmenter ma foi, ma confiance et... celle des autres.	Vision prémonitoire des fruits, issus des épreuves.
Il y aura pour les humbles, dont vous serez toujours, des preuves irréfutables de Sa Miséricordieuse Bonté à mon égard.	Au moment de ses doutes, le Père Crété retrouvera ces prédictions, qui l'avaient déconcerté, et qui deviennent pour lui « preuves irréfutables ». « Pas un honnête homme ne peut douter de leur authenticité » (*Vie*, p. 174).
Le démon sera souvent bien méchant et cherchera à me discréditer — mais il ne sera pas toujours le plus fort.	Toujours l'épreuve de 1943 (p. 169-176). A la fin de la guerre, la gloire nationale d'Yvonne submergera et convaincra les adversaires.
Je ne dis pas que je ne souffrirai pas avant que la vérité se découvre, mais toute la vérité se saura un jour.	C'est cette vérité que tentent de manifester nos études.
Mon Père, croyez-le, vous savez bien que je ne vous trompe pas. Votre pauvre petite enfant Yvonne.	

10

26 septembre 1924

Les menaces de l'Adversaire
Nous détacherons d'elle ceux qui l'aiment
et nous la ferons condamner [1]

Le Mans, 26 septembre 1924, n° 724
Yvonne au Père Crété

Mon bon Père,

Veuillez, s'il vous plaît, m'excuser de vous écrire au crayon — j'ai peur de tacher le drap de mon lit, car je n'ai qu'un encrier peu stable.

Grand'maman m'a fait recoucher après la messe, parce que j'avais mauvaise mine. Je me suis un peu débattue, je n'étais que lasse, sans me sentir malade. Je savais bien pourquoi j'avais mauvaise mine, mais je ne pouvais pas le dire.

Pour l'intention que vous savez, je venais de passer ma nuit sur le plancher — et une nuit de lutte aussi, car je crois n'avoir pas eu une demi-heure de tranquillité.

Le démon était à mes côtés — du moins je crois que c'est lui — Il voulait absolument me faire abandonner mon projet de mortification et me faire recoucher.

Et moi, à différentes reprises, j'en avais bien envie — je ne suis pas du tout courageuse, et comme j'avais mal au dos, j'ai failli l'écouter à un moment et me recoucher.

Heureusement j'ai prié mon bon Ange, et, grâce à lui, je suis allée jusqu'au bout de ma pénitence.

Oh ! je n'ai pas à être fière de moi — et je ne puis pas dire que j'aime la mortification — J'aurais bien voulu m'endormir un peu, pour avoir moins

1. Cette prémonition revient souvent sous diverses formes dans la vie d'Yvonne. Déjà, dans la lettre au Père Crété, 9 septembre 1924 n° 676 :

« *Mon Bien-Aimé m'a dit encore que les personnes que j'aime le plus au monde me feraient beaucoup souffrir, me feraient beaucoup de peine en ne me comprenant pas.*

« *Il m'a dit qu'il étendrait ma science des âmes d'une manière incroyable, me permettant de voir ce qu'il leur arriverait dans l'avenir afin que je paie et souffre pour elles.*

« *Je me souviens maintenant de certaines paroles que Jésus m'a dites :*

— Avec ce qui est faible et petit, je confondrai ce qui est fort.

« *Je ne comprends pas bien le sens de ces paroles, mais je ne cherche pas à les comprendre. Il me semble que Dieu me les a dites uniquement pour que je vous les répète. C'est donc à vous qu'il donnera les lumières à ce sujet.* »

mal, et puis ne plus entendre tout ce que le démon ou mon imagination me faisait entendre.

Est-ce que vous croyez qu'un jour je pourrai tromper tout le monde. On ne peut tromper que quand on veut tromper, et si on est humble, Dieu ne peut pas permettre qu'on soit dans l'erreur longtemps.

Prédiction	*Réalisation*
Je crois que le démon peut nous tromper — vous me l'avez dit — et il m'a dit, lui aussi, qu'il me nuirait dans l'esprit des autres. Il faut donc s'attendre à tout.	On comprend ici pourquoi la prémonition sur les accusations répétées qu'Yvonne-Aimée subira reviennent si souvent. Ces prémonitions surnaturelles convergent d'en haut, et d'en bas sous forme de menaces.
Je l'ai vu comme ayant un livre à la main... et lisant des choses que je trouvais très belles... mais il semblait que ce livre lui brûlait les mains — et puis il ricanait. ... Après il disait à un autre démon :	Les Constitutions révisées en 1931. Mère Yvonne-Aimée, professe temporaire, y a beaucoup travaillé.
« *Nous détacherons d'elle ceux qui l'aiment et nous la ferons condamner.* »[1]	Toujours la même prémonition. Ces soupçons et détachements successifs qui eurent leur paroxysme dans le complot du premier semestre 1943 (*Vie,* p. 169-176)
Condamner à quoi, mon Père ?	En 1943 l'accusateur menaçait Yvonne-Aimée de déposer son réquisitoire devant un tribunal ecclésiastique pour la faire déposer comme supérieure et présidente du Conseil de l'Ordre, et de lui faire quitter Malestroit. (Lettre de Mère Marie-Anne de Jésus à Dom Demazure, 16 juin 1943).
Comme tout cela me fait peur. Mais je veux m'abandonner à Jésus et à vous. Oui, je vous dirai tout, tout, même si cela doit m'humilier très fort, car je veux vivre dans la vérité et aimer de tout mon cœur le Seigneur Jésus.	
Je prierai chaque jour saint Michel pour qu'Il me garde du démon et qu'Il permette que vous restiez tou-	Obscur pressentiment que le Père Crété va lui être bientôt enlevé (1924-1925).

1. Cette phrase a été soulignée par le Père Crété qui a écrit en marge de la lettre : « A noter. T[héodore] C[rété]. ».

jours mon Père. Il faut bien que vous le restiez, j'ai tellement à faire pour me sanctifier.

Je ne suis pas assez humble, assez douce et patiente, assez égale d'humeur, quelquefois égoïste aussi, pas toujours disposée à rendre tous les services qu'on me demande. Je n'ai pas du tout le goût de la mortification qui dure... Il me faut réformer tout cela.

Enfin mon Père, si vous m'aidez et avec la grâce de Jésus, j'arriverai, n'est-ce pas.

Ce que j'ai du mal à accepter, c'est qu'on interprète mal ou injustement mes actions.

Ce sera, précisément, sa grande épreuve.

Je crois être bien vraie — et je n'agis pas autrement que je pense et souvent on me prête des intentions que je n'ai pas, auxquelles même je n'avais jamais pensé. Tout cela est certainement permis du Seigneur pour m'apprendre l'humilité.

Mon Père, bénissez votre petite enfant qui vous aime bien dans le S. Jésus et qui vous prie de la bien garder toujours.

Yvonne.

11

26 octobre 1924

Les chapitres de 1931 et 1935
La Présidente, les Constitutions et l'anneau d'or

Paris, avenue de Versailles, dimanche 26 octobre 1924, n° 778
Yvonne au Père Crété

Prédiction	*Réalisation*
Hier soir, pendant mon heure sainte, j'étais, il me semblait, bien recueillie, cependant, et toute pénétrée de l'amour de mon Seigneur et	
je me suis vue	Le chapitre de 1931 eut lieu dans la salle du chapitre du monastère récemment restaurée :
dans une belle salle	belle salle
que je ne connais pas	encore inconnue, très différente à l'heure de la prophétie : Il n'y avait pas encore
avec des poutres au plafond	de poutres au plafond, en 1924
Il y avait une grande assemblée d'Augustines et	Le chapitre de 1931
j'étais en religieuse	Sœur Yvonne-Aimée, professe temporaire, assistait en effet au chapitre, comme secrétaire, à une petite table
près de celui qui présidait.	près du Président.
C'était un évêque	Mgr Picaud présida d'abord
et ensuite un religieux	puis le Père de la Chevasnerie, s.j. à la fin
et il y avait au-dessus de ma tête	Sœur Yvonne-Aimée fut la première
une colombe argentée	à recevoir
qui tenait un anneau d'or dans son bec.	l'anneau d'or,
Je me sentais heureuse de cela.	à sa profession, le 29 septembre 1931. La Communauté le reçut ensuite.

Et puis maintenant j'ai presque honte de vous écrire cette distraction qui semble être une pensée d'orgueil	
puisque je me voyais presque... présidant...	Elle jouait un rôle important et présidera, à partir de 1935, le conseil de l'ordre, après avoir été élue à l'unanimité.
Cependant je n'ai eu aucune pensée de vanité et j'ai déjà oublié certains détails.	
Mais voici qu'en vous écrivant, un autre me revient en mémoire :	
Il y avait devant moi un petit livre lumineux	Les Constitutions révisées en 1931
recouvert tout en cuir marbré	furent reliées en peau marbrée, après leur approbation.
et un chiffre était dessus, je crois 31, mais je ne suis plus très, très sûre.	Ces Constitutions furent approuvées à Rome, le 9 novembre 1931.
Ensuite je me voyais, du moins je crois que c'était moi...	
habillée pauvrement d'un costume mi-religieux ou religieux que je ne connais pas, inconnue, dans un pays inconnu, je me sentais fatiguée mais le cœur joyeux.	Costume noir de voyage, adopté par les Augustines et par Yvonne-Aimée pour les différentes missions qu'elle aura à remplir.
Quelquefois un magnifique garçonnet blond venait m'encourager.	Son Ange Lumen.
De loin un prêtre en priant me regardait. Je me sentais soutenue et pourtant si seule.	Un des prêtres qui priaient pour elle : peut-être le Père Labutte.

Je voudrais bien que toutes ces imaginations passent, et dire que cela m'arrive toujours ou presque toujours pendant que je prie. Puisque je n'y prête pas attention, mes prières sont quand même bonnes, n'est-ce pas ?

Mon Père, je ne suis pas assez abandonnée, assez contente du S. Jésus — Hier encore, j'ai pleuré de n'être pas comme tout le monde. Peut-être que si Jésus m'écoutait, je pleurerais de ne plus le voir.

Il est vrai que ce serait une douleur immense, mais il y a tout l'à côté extraordinaire que je n'aime pas et dont je me passerais bien. Mais je refoule encore tous ces sentiments et m'offre pour tout ce que le S. Jésus veut.

Je prie bien à l'intention recommandée.

Bénissez s'il vous plaît votre pauvre petite Yvonne et faites-la se « sanctifier » dans la vérité.

Yvonne.

12

3 novembre 1924

Les questions du petit exorciste aux yeux bleus, à qui Mgr Gouraud enverra Yvonne le 19 décembre 1924

Paris, avenue de Versailles, 3 novembre 1924, nº 790
Yvonne au Père Crété

Prémonition	*Réalisation*
Cette nuit j'ai fait un rêve non moins singulier qui n'a sans doute aucun intérêt, mais je préfère tout vous dire.	Dès que le 19 décembre Yvonne se rendra pour la première fois chez le Père de Tonquédec, exorciste, qui la soumettra à de longs examens.
J'étais assise en face d'un religieux qui me posait beaucoup de questions — je ne connaissais pas ce religieux,	La lettre du Père J. Guillon au P. L. Barral, 4 décembre 1955, justifie pleinement la description prémonitoire.
il avait de la barbe,	« *Barbe* (oui, pas très fournie, pas très longue, carrée, vaguement séparée au milieu).
des yeux bleus	*Yeux bleus* oui, autant que moi-même et les Pères interrogés se rappellent leur couleur — deux yeux perçants, deux vrilles. Je ne le vois pas avec des yeux d'une autre couleur.
et des cheveux bruns	*Cheveux bruns* (Oui, en 1930, ils commençaient à grisonner, en brosse, guère plus abondants que les poils de la barbe).
il paraissait plutôt petit, quoique cela m'était difficile de m'en rendre très bien compte, car il se trouvait assis comme moi —	*Petit plutôt* (Oui, à peu près de ma taille, 1 m 64, mais assis, plus petit que moi, qui ai un buste assez haut. » [1].)

1. *Note du Père Barral :* Je voulais contrôler la description d'Y[vonne] B[eauvais] mais sans indiquer que le portrait du Père de Tonquédec était donné par elle, dans sa lettre au R.P. Crété, le 3 novembre 1924 (Note écrite par le Père Barral sur cette lettre du Père L. Guillon). Voir la photo du Père de Tonquédec, *Vie*, p. 103.

j'avais peur de lui, car il paraissait sévère, puis il se fit très bon tout à coup et me dit :
— « Revenez me voir tel jour... »

Un jour, raconte Sœur Marie de la Trinité, j'étais à Paris avec Sœur Yvonne-Aimée : elle me prit le bras, saisie, avec une sorte de peur, elle me montra un ecclésiastique que nous allions rencontrer.
— C'est le Père de Tonquédec.

J'ai rêvé d'autres choses que je voulais vous dire car elles me semblaient plus intéressantes et j'ai beau essayer de m'en souvenir maintenant — je ne peux plus.

Enfin cela ne fait rien, n'est-ce pas, mon Père, et ce sera même utile de vous les dire si ces faits me reviennent à la mémoire.

13

4 décembre 1924

« Des défections parmi ceux ou celles qui m'auront le plus aimée... ... Les premiers qui me quittent reviendront »

Paris, avenue de Versailles, 4 décembre 1924, nº 961
Yvonne au Père Crété

Prédiction

Mon père,
J'ai de la peine, beaucoup de peine.
Mes amis Brisset m'ont lâchée, volontairement ? Oui... en un sens, mais très poussés par un certain Père, qui n'aime pas les choses extraordinaires

Je ne peux pas lui en vouloir, puisque... je suis comme lui.

Enfin c'est Jésus qui permet cela, et je souffre profondément de cette défection. J'aime tant Mamé, qui a été une vraie maman pour moi ; Suzanne, une petite sœur ; et le cher petit Jean-Louis, si candide, si confiant.

Explication

Un dominicain les a mis en garde contre les risques d'illuminisme. Et ils ont pris leurs distances après une fervente et admirative amitié.

Mamé = Madame Brisset, admirable veuve de guerre. Son mari, notaire parisien, officier d'infanterie, soumis à des essais de nouveaux masques à gaz, mourut subitement en prenant le train qui le ramenait au front.

Prémonition

Je ne pense pas que ce soit à tout jamais fini et
j'espère qu'ils me reviendront plus tard — peut-être en des moments difficiles seront-ils contents de retrouver ma tendresse.

Ce sont les premiers qui me quittent,

Réalisation

Oui, ils reviendront, en particulier Madame Brisset, qui écrira souvent à Yvonne-Aimée, et Jean-Louis (Lettre du 15 octobre 1937, nº 525).

d'autres suivront, d'autres

M. Madeleine du Sacré-Cœur Bato.

que j'aime actuellement et
que j'aimerai toujours et quand même ; d'autres encore qui n'ont pas encore pris place dans ma vie.

L'Abbé Bruneau,
Le Père de la Chevasnerie,
le Docteur et Madame de la Chevasnerie.

Il faut que mon cœur souffre. Jésus a tant souffert dans son cœur et par ses amis. Il a tant de déceptions avec ceux qu'Il s'est choisi.

En pensant à ma peine devant Jésus, je L'ai prié pour toutes les âmes qui, un jour, me lâcheront, pour qu'elles me reviennent un jour : laïques, prêtres, religieuses, religieux.

Si elles sont cause pour moi d'un supplément de sainteté et de gloire, je ne pourrai supporter que ce soit pour leur éternité une diminution dans leur amour.

Yvonne-Aimée n'en a jamais voulu à ceux qui l'ont fait souffrir. Elle a toujours prié sans ombre de rancune.

A vous mon Père, je puis bien dire tout bas que j'aurai des défections dans mon Couvent et, à cause de mon Couvent, peut-être parmi
ceux ou celles qui m'auront le plus aimé, le plus soutenu, le plus aidé à réaliser dans leurs débuts les plans du Seigneur Jésus.

M. Madeleine du Sacré-Cœur Bato,
l'Abbé Bruneau,
le Père de la Chevasnerie.
Cela se réalisera pour les deux premiers dès 1929.

14

1er février 1925

Un prêtre écrivain l'éprouvera
Défections d'autres amis
Les Augustines au Foyer (1943)

Malestroit, 1er février 1925, nº 77
Yvonne au Père Crété

Prémonition	*Réalisation*
Mon père, Pendant une extase que j'ai eue au début de la nuit — j'ai vu Jésus, j'ai d'abord été craintive, mais Jésus a tracé un grand signe de croix en l'air, puis sur mon front et Il m'a dit... des secrets.	
Je ne peux pas tout vous dire parce que cela concerne certaines âmes — mais ce qui me concerne, je puis vous le dire :	Prémonitions particulières... non précisées, donc invérifiables.
J'aurai de la peine et beaucoup par Mère M.	Mère Madeleine du Sacré-Cœur Bato
par un prêtre qui d'abord sera pour moi un ami et un bienfaiteur pour l'œuvre de Dieu et qui, sous l'influence du démon et par orgueil de jugement me fera beaucoup de mal.	le Père C.
Ce prêtre écrivait à une table chargée de livres, il y en avait une vingtaine environ mais je n'en voyais pas le titre.	Le père C. a écrit de nombreux livres.
Jésus m'a dit d'accepter cette épreuve pour la France et les prêtres. Je l'ai acceptée, sans trop la comprendre.	Il attaqua Yvonne en 1943 (*Vie*, p. 169-176)
Dans un autre tableau, Jésus m'a montré	

des Augustines dans le jardin du Foyer

Les Augustines occuperont le Foyer Marguerite Mignard d'octobre 1943 à mars 1953 (lettre d'Yvonne Aimée, 21 juillet 1943). Elle y avait reçu bien des grâces.

et m'a dit :
— Ceci s'achètera au même moment. Acceptes-tu ?

Epreuve de 1943 (*Vie*, p. 167-168).

J'ai dit :
— Oui, Jésus
mais je n'ai pas compris. Je me fie à Jésus.

15

Dimanche 29 mars 1925

Charité et recrutement en expansion à Malestroit
Epreuves et secours pour Yvonne

Malestroit, dimanche 29 mars 1925, n° 242
Yvonne au P. Crété

Pendant mon heure sainte, jeudi soir, j'ai vu en fermant les yeux le S. Jésus et la Sainte Vierge. Tous deux me disaient de tendres choses mais aussi des choses dont je vous parlerai.

Au fait, il est mieux que je vous les dise dès maintenant, car je pourrais les oublier.

Prédiction	*Réalisation*
Ils m'ont parlé du Couvent, de son recrutement futur,	Le Noviciat s'accrut après l'entrée d'Yvonne-Aimée : 40 Sœurs au Noviciat lors de sa Profession (29 septembre 1931).
de l'atmosphère de charité toute particulière qu'ils désiraient dans ce monastère et qui serait la bénédiction, tant que cette charité demeurerait sur le Couvent tout entier.	L'action d'Yvonne-Aimée rétablit la charité et l'union après les divisions de 1925-1927.
Pour cela, tous les deux m'ont demandé des souffrances et des sacrifices et m'ont fait accepter humiliations, déceptions,	
défections, m'assurant cependant d'appuis et de secours, ceux du Ciel toujours, ceux de la terre souvent	Toujours les défections, qui seront la grande épreuve.
(Quelques amis et sœurs… sûrs)	Mgr Picaud, le P. Labutte, Mère Marie-Anne de Jésus.
J'aurai des secours humains pour réaliser les œuvres humaines,	

des amis dévoués qui récolteront en retour beaucoup de grâces de miséricorde, à cause du bien qu'ils auront aidé à réaliser; mais qui devront rester petits et surnaturels pour bénéficier d'une magnifique récompense éternelle.	Mr René Bolloré (*Vie*, p. 152).
Mais je serai calomniée.	Surtout en 1943 (*Vie*, p. 169-176).
J'aurai près des prêtres un grand secours spirituel,	Mr l'Aumônier Bruneau (1929, *Vie*, p. 134),
et par eux aussi des souffrances.	Le Père C. qui entraîne un moment le Père Crété dans ses soupçons (*Vie*, p. 169).
J'aurai dans mon Couvent, des Mères et Sœurs fidèles et aussi parmi les Augustines des autres Maisons.	Oui.
Jésus et la Vierge m'assurant aussi qu'Ils béniront tout particulièrement une amitié très grande sur laquelle je pourrai compter et m'appuyer aux heures de souffrance, comme je serai pour celui-là un secours permanent. Plus cette affection se surnaturalisera, plus elle produira des fruits merveilleux... par la grâce de Dieu.	Père Paul Labutte.

Je m'exprime très mal, mon Père, mais si vous saviez comme c'est difficile de trouver des mots justes, assez forts et assez délicats pour parler de ces choses-là.

Ci-joint, les papiers que vous me demandez.

A bientôt, mon bon Père, bénissez votre petite Yvonne-Aimée de Jésus.

II

LE CARNET DE 1929

En avril 1925, le Vicaire Général Picaud transmet à Yvonne un ordre de Monseigneur Gouraud : Cesser tout contact avec son Directeur le Père Crété. Yvonne se soumet. Elle écrit le jeudi 25 avril à 23 h 30 (n° 327) :

Mon bon Père,

Cette lettre est la troisième que je vous écris depuis hier, je veux être assez raisonnable, cette fois pour ne pas la déchirer, comme les deux précédentes.

Je vais vous faire de la peine et j'ai moi-même le cœur tout meurtri.

Mon devoir est de vous demander aujourd'hui de n'être plus mon Directeur, car mon Père, vous le serez toujours quoiqu'il advienne (...) Oh mon Père, mon bon Père, depuis longtemps, vous avez fait votre sacrifice. De mon côté je tâchais de me préparer à le bien accepter.

Une lettre de Monseigneur Picaud me décide aujourd'hui à vous écrire ces pénibles lignes (...) C'est la volonté de Monseigneur.

Vous m'avez appris, mon bon Père, à être généreuse, à savoir obéir. Je veux m'incliner sans réplique ni amertume devant une volonté de l'Autorité hiérarchique.

Je veux prouver à Jésus que je l'aime en lui faisant généreusement le plus gros sacrifice qu'il me demande. Je veux aussi vous donner à vous une consolation, mon bon Père : celle de vous montrer que votre fille a su profiter et profitera toujours, je vous le promets, de votre direction.

Elle ajoute le lendemain, vendredi matin :

Il est probable que je verrai d'ici peu un docteur. Lequel? Je n'en sais rien. J'obéirai au P. de Tonquédec. Je veux faire tout ce que Jésus veut.

Le Père Grisard, venu aujourd'hui, m'a dit d'attendre quelques jours pour écrire à Monseigneur, afin de savoir du Père de T[onquédec] quelle est sa décision à propos du docteur. Puis, comme me le conseille Monseigneur Picaud, j'écrirai à Sa Grandeur pour lui dire que j'ai abandonné votre direction : que je me suis remise entièrement au Père de Tonquédec et à ses décisions (n° 329).

Jésus comptera tout cela, mon Père. Comme je souffre de vous faire de la peine. La croix est lourde. Heureusement, notre Bien-Aimé est là pour nous aider à la porter.

Ainsi sont interrompues ces confidences quotidiennes où tous les événements spirituels et prémonitions étaient rapportés. Le dossier se raréfie donc, du fait que les prédictions éventuelles, qui ont peut-être continué à la même cadence, ne sont plus relatées.

Le carnet personnel, rédigé par Yvonne du 20 août 1928 au 4 juin 1929 (*Vie,* p. 183), le manifeste. Sans doute l'a-t-elle écrit à la demande de Mgr Picaud, comme celui de 1943, où elle précise explicitement : « pour obéir, j'écris ce carnet » (1er janvier, nº 2).

Ce carnet prolonge donc opportunément notre documentation autographe sur le charisme prémonitoire d'Yvonne-Aimée. L'expertise graphologique confirme les dates inscrites au jour le jour sur ce diaire (20 août 1928-4 juin 1929).

1

25 mars 1929

Devant la Clinique, j'étais au milieu de religieuses et semblais être leur Mère... 5 médailles sur la poitrine, dont la Légion d'honneur Un grand officier vint me saluer Bayeux protégé et une balle déviée

25 mars 1929, n° 98
Carnet d'Yvonne-Aimée, p. 26

Songe prémonitoire	*Réalisation*
J'ai eu cette nuit un songe curieux. Cette fois, je me demande si je ne suis pas à moitié folle :	*Vie,* p. 183-184
Je me suis vue devant la Clinique	Le 7 août 1949, la clinique reçut la croix de guerre
avec beaucoup de religieuses autour de moi. Cela semblait être un jour de fête, il faisait beau. J'avais sur la poitrine, épinglées,	toutes les religieuses rassemblées (avec beaucoup de religieuses).
4 ou 5 médailles	Elle avait déjà 5 décorations et reçut ce jour-là la 6e : la *King's Medal* anglaise.
dont la Légion d'honneur	La Légion d'honneur lui avait été remise par le Général de Gaulle à Vannes le 22 juillet 1945.
J'étais	
au milieu des religieuses et semblais être leur Mère.	Yvonne-Aimée est alors Supérieure générale
Un grand officier vint vers moi me saluer	Le Général Audibert la salua et lui remit la croix de guerre pour la clinique. Photo en couverture et p. 8.
Une autre religieuse portait aussi une médaille	Sœur Marguerite M. Touin fut décorée ce jour-là, pour ses années de service hospitalier.
Et une voix, toute jeune, disait derrière moi :	
— *Ecoute bien, Yvonne-Aimée, car plus tard tu te souviendras de cela et ce sera ta force. Ecoute :*	

Les généraux, les grands hommes ont leurs heures de gloire et de malheur.	
Un d'eux a mérité et démérité, mais Dieu se souviendra de ses bonnes actions et à cause de cela pardonnera, mais il aura à expier.	Maréchal Pétain ?
Si à cause de ta souffrance et de ta prière, Dieu a épargné les plus grands malheurs à la France et à l'Angleterre, si à cause de toi, la lutte s'est terminée plus tôt, il te faudra encore beaucoup souffrir pour la paix du monde.	Mission mystérieuse et incontrôlable qui reste le secret de Dieu.
Et Dieu se servira encore de toi, mais plus secrètement, dans cette nouvelle période.	
Tu ne comprends pas, mais tu comprendras.	
De même qu'il aura été facile à Dieu de protéger toute une ville	Bayeux (10 km du lieu de débarquement) sera étonnamment préservé à la libération.
pour épargner un évêque que tu aimes et qui t'est fidèlement dévoué,	Mgr Picaud, fidèle et dévoué à Sœur Yvonne-Aimée. Evêque de Bayeux depuis 1931.
de même qu'Il a gardé sa maison aux balcons fleuris lors de l'invasion et des perquisitions...	La clinique aux balcons fleuris de géraniums subit réquisition et perquisitions allemandes, mais fut étonnamment épargnée. Elle fut construite sous l'impulsion de Sœur Yvonne-Aimée en 1928-29.
de même Il gardera ceux qui te feront confiance.	
Dieu sait faire dévier la balle qui tue,	Le 24 août 1944 sur la route de Lannion, Léa Le Vezu fut atteinte par une balle que la médaille du « Petit Jésus Roi d'amour », diffusée par Yvonne, sur inspiration ou révélation, fit dévier. Elle en a fait faire constat par huissier, le 12 septembre 1955 (n° 213 archives de Malestroit).
garder de tout mal le prisonnier qui t'appelle,	Le Père Labutte, prisonnier, en marche vers l'Est en Alsace, affamé, reçut la visite d'une mysté-

rieuse infirmière, qui lui amena du pain. Il ne la reconnut pas. Mais quelques années plus tard, elle lui reparla spontanément de cette rencontre, de laquelle il n'avait parlé à personne. Cette prémonition peut viser d'autres cas analogues, pour lesquels on n'a que des allusions [1].

anéantir les mauvais desseins de ceux qui te veulent du mal.

Ceux qui t'aideront à réaliser tes missions, travailleront pour le ciel.

Ne crains pas de posséder : ton cœur étant détaché des richesses, tu ne pècheras pas et tu useras librement de ce qui te sera nécessaire pour accomplir mon œuvre.

Yvonne-Aimée traitera beaucoup d'affaires (achats, dons, etc.) avec grand détachement et générosité.

Lorsque ces choses arriveront, même si ton âme, ton cœur, ton pauvre corps souffrent — sois à la joie, car Dieu t'aime, tu lui es agréable — car tu es bien donnée.

Quel rêve curieux — j'ai tout écrit bien fidèlement et mot à mot ce que j'ai entendu dans ce rêve mystérieux — mais tout cela est bien étrange — j'espère que ce n'est ni le démon, ni l'orgueil qui me font ainsi rêver des choses si incompréhensibles.

On me dit orgueilleuse, désireuse de me faire remarquer, et de faire autrement que les autres. On me dit douillette, on soupçonne ma droiture, ma bonne volonté, ma conscience. Mon Dieu, est-ce vrai ? Suis-je aussi mauvaise ?

Tout ce que je fais, tout ce que je dis, tout ce que je rêve, est-ce donc orgueil, mensonge... ou folie ! Mon Dieu ayez pitié de moi.

[...]

Seigneur, *j'accepte tout,* faites que mon cœur à moi ne change pas et gardez mon âme pure, bonne, paisible.

1. Parmi les prémonitions ou pressentiments relatifs à la guerre, relevons cette note du Père Labutte, pendant un séjour à Malestroit, du jeudi 7 mars au lundi 25 mars 1935, n° 130.

Nous parlons de la guerre

— Ah, vous passerez à travers les balles, dit-elle vivement.

Puis, comme se reprenant et craignant d'en avoir trop dit :

— Du moins, je prierai pour vous.

La suite est plus vague et moins exacte :

— La guerre... en juin sans doute, il y aura quelque chose.

Pour mémoire, on lit dans le carnet de Sœur Marie de la Croix, 8 avril 1935, n° 163 :

Sœur Yvonne-Aimée raconte son rêve au sujet de la guerre, ce midi, au Deo Gratias.

Le contenu du rêve n'est point précisé.

Pour les prédictions sur la guerre, voir note hors texte ci-dessus, p. 35.

2

4 juin 1929

Mission et épreuves
Si plusieurs amis te lâchent, d'autres te seront donnés, inébranlables
Tu auras à souffrir. Etant Supérieure, tu porteras la croix
Une grande religieuse amie et soutien : Mère M[ichaël] L[eahy]

4 juin 1929, nº 200
Carnet, p. 67

Prédiction	*Réalisation*
Dans un mois, tu souffriras beaucoup, m'a dit Jésus,	Le 4 juillet 1929, Mère Madeleine mourra
mais ce sera aussi la fin d'une épreuve qui va prendre encore ces temps-ci plus d'intensité	ce sera la fin de l'hostilité de sa « petite mère ». Cette hostilité s'était aggravée, obligeant Yvonne à quitter momentanément Malestroit. C'est durant cette séparation que Mère Madeleine envoya le mot réconciliateur (15 juin), que suivra de près sa mort.

Cet après-midi, je suis allée un instant au jardin — je suis tombée 3 fois... fatigue, faiblesse, je ne sais — je n'en peux plus, c'est sûr, mais mon corps ne compte guère à côté de mon cœur et du calvaire de mon âme.

J'écris cette nuit — j'ai peur d'oublier ce que je crois avoir entendu tout à l'heure.

Je pensais au Seigneur, il était minuit, je ne dormais pas — un rayon de lune ou de lumière vint m'éclairer et ce rayon me suffit encore pour écrire ces lignes :

Si plusieurs de tes amis actuels te lâchent, m'a dit la voix —
d'autres te seront donnés...
ils ne te seront pas tous fidèles — et dans ceux qui t'aimeront, il y aura aussi des degrés dans leur fidélité.

Ceux qui ont été cités plus haut, p. 65.
la famille Bolloré le Père G. Sauvage, son canoniste, Dom Cozien, abbé de Solesmes, Dom Dominique Nogues, futur Abbé général des Trappistes, la reine Amélie (14 lettres de 1938 à 1947) le Père Monier-Vinard, le Général Audibert, ... sans compter les amis qui lui resteront fidèles : Madame Loth, Mgr Picaud, Mère Marie-Anne, et l'ensemble de la Communauté.

Les uns inébranlables recevront, soit dès ce monde, mais sûrement à la fin de leur vie, une récompense magnifique.

D'autres t'aimeront — croiront, mais manqueront de souplesse et manqueront dans des détails importants.

Pour les religieuses, elles recevront [récompense], non pas seulement pour la fidélité de leurs actes mais pour la fidélité dans l'obéissance à tes conseils et à tes avis.

Tu auras à souffrir plus tard
même étant Supérieure
car tu le seras, ma pauvre petite,
mais tu... oublieras ces lignes
et quand tu les retrouveras...
tu ne vivras
que par miracle

et plus pour les autres
que pour toi

Elue Supérieure de Malestroit (le 2 mai 1935), puis Supérieure générale (1946).
Les carnets sont retrouvés en mai 1943. Yvonne-Aimée, malade,
survit par miracle.
Comme Supérieure,
elle vit totalement
pour les autres.

Ne te singularise en rien — vis comme tout le monde — accepte peines, joies, facilités ou difficultés... fatigues, voyages, délaissements ou solitude — oublie incompréhensions ou témoignages d'estime ou d'honneur avec la même simplicité.

Lorsque tu porteras la Croix
et l'anneau aux mille reflets,

la Croix de Supérieure générale.
Un de ces anneaux qu'elle reçut mystérieusement et qui disparut, après avoir été vu par certains témoins.

ton âme souffrira d'une autre souffrance... venant par quelqu'une qui t'aimera.	Cette phrase semble concerner des tensions mineures avec Mère Marie-Anne, qui n'avait pas le calibre exceptionnel de Mère Yvonne-Aimée.
A ce moment, sans aigreur, mais avec fermeté, veille bien sur le troupeau trop faiblement dirigé, surveille. Reprends. Demande. Recommence. Ne te lasse pas. Mais ta souffrance aidera le troupeau,	Celle-ci dut notamment veiller à suppléer le manque de fermeté de Mère Marie-Anne
et si le Pasteur est fidèle et généreux, plus vigilant, plus religieux,	Toujours Mère Marie-Anne, qui a succédé à Mère Yvonne-Aimée comme Pasteur de la Communauté de Malestroit en août 1946 (*Vie,* p. 191)
toi, Mère du Pasteur et du troupeau, tu pourras encore voir la Maison bénie et vivante.	Mère Yvonne-Aimée est présentée ici comme Mère du Pasteur, c'est-à-dire de Mère Marie-Anne, qui lui succédera comme supérieure de Malestroit. Elue Générale en 1946, elle devint Mère de tout le troupeau des Augustines, en même temps que de la nouvelle prieure.
J'ai vu aussi une pièce, que je ne connais pas, avec des meubles bretons	Son bureau de Supérieure générale (*Vie,* p. 193) Les meubles bretons seront un cadeau, 15 ans plus tard.
mais à l'intérieur de la Communauté. Je n'ai pu la situer.	Lors de la prédiction, ce bâtiment était extérieur à la communauté.
J'écrivais à une table. La Sainte Vierge était près de moi, me dictant quelque chose.	
Je voyais une grande religieuse assise dans un coin de la pièce, pâle, au large sourire, elle me regardait. La Sainte Vierge la regardait aussi, mais elle, ne la voyait pas...	Mère Marie Michaël (plus grande qu'Yvonne : photo). Supérieure de Grange-over-Sands (à l'état civil : Helen Leahy) amie et soutien de Sœur Yvonne-Aimée. Elles seront en relation à partir de 1931.
J'ai demandé à la Sainte Vierge : — Qui est-ce ? — M. L... Je n'ai saisi que 2 initiales.	Mère M[ichaël] L[eahy] Les sons anglais lui ont échappé.
Mais la Vierge a ajouté : — Elle t'aimera. Son père [spirituel] aussi.	Toujours Mère Marie-Michaël. Mgr Duchemin, recteur du *Beda's College* à Rome.

il pourra t'aider de plusieurs façons et il le fera, et je le bénirai, car il est un de mes fils très cher. Puis la vision a disparu.	Plusieurs lettres de Mgr Duchemin attestent cette aide.
Pièce bretonne,	La pièce du Généralat, avec les meubles bretons, dont il est déjà question plus haut.
Vierge Marie, Religieuse au beau sourire... êtes-vous l'effet de ma « folie » de mon « imagination », de mon rêve ! ! Peu importe... j'ai écrit pour obéir.	Mère Michaël Leahy.
Mère Marie-Anne m'a dit qu'elle avait à me parler demain. Elle est bonne pour moi, je crois qu'elle croit en moi, elle, et qu'elle a pitié de ma détresse.	
L'année où Sr St Paul mourra, il y aura pour moi un changement de vie.	Le 8 janvier 1947, Sr St Paul meurt.
Quelques mois auparavant, il y aura une élection.	4 mois et demi auparavant, le 21 août 1946, Yvonne-Aimée est élue Supérieure Générale à l'unanimité. (*Vie,* p. 191)

III

RÊVES ÉVEILLÉS, DÉLIRES OU PRÉMONITIONS ?

Pour ne pas mêler des documents de nature trop différente, nous groupons, dans cette section annexe, des paroles prémonitoires qu'Yvonne a prononcées, étant malade, ou après un choc violent, tandis qu'elle « récupérait », sur un lit. Dans les trois cas ci-après, les témoins ont perçu que ses paroles n'étaient pas vaines, mais exprimaient des prémonitions pleines de sens. Et pour cette raison, elles les ont notées.

Le caractère particulier de ces prémonitions appelait un traitement à part. Ce qui s'affirmait paisiblement dans les songes d'Yvonne-Aimée resurgit ici de chocs ou tensions qui accablent le corps, mais n'entament pas l'élan intense de tout l'être, et l'engagement d'Yvonne-Aimée dans une mission aventureuse qui la dépasse.

Nous sommes ici sur une frontière : non plus les rêves prémonitoires, si nombreux dans la section précédente, qui prolongent les rêves de la tradition biblique et ecclésiale, ni un simple défoulement ou délire : Yvonne projette son avenir : une mission dans laquelle elle n'a cessé d'être guidée jusque dans les chocs, épreuves et souffrances. La suite tend à prouver que ces propos anticipaient sur la réalité future.

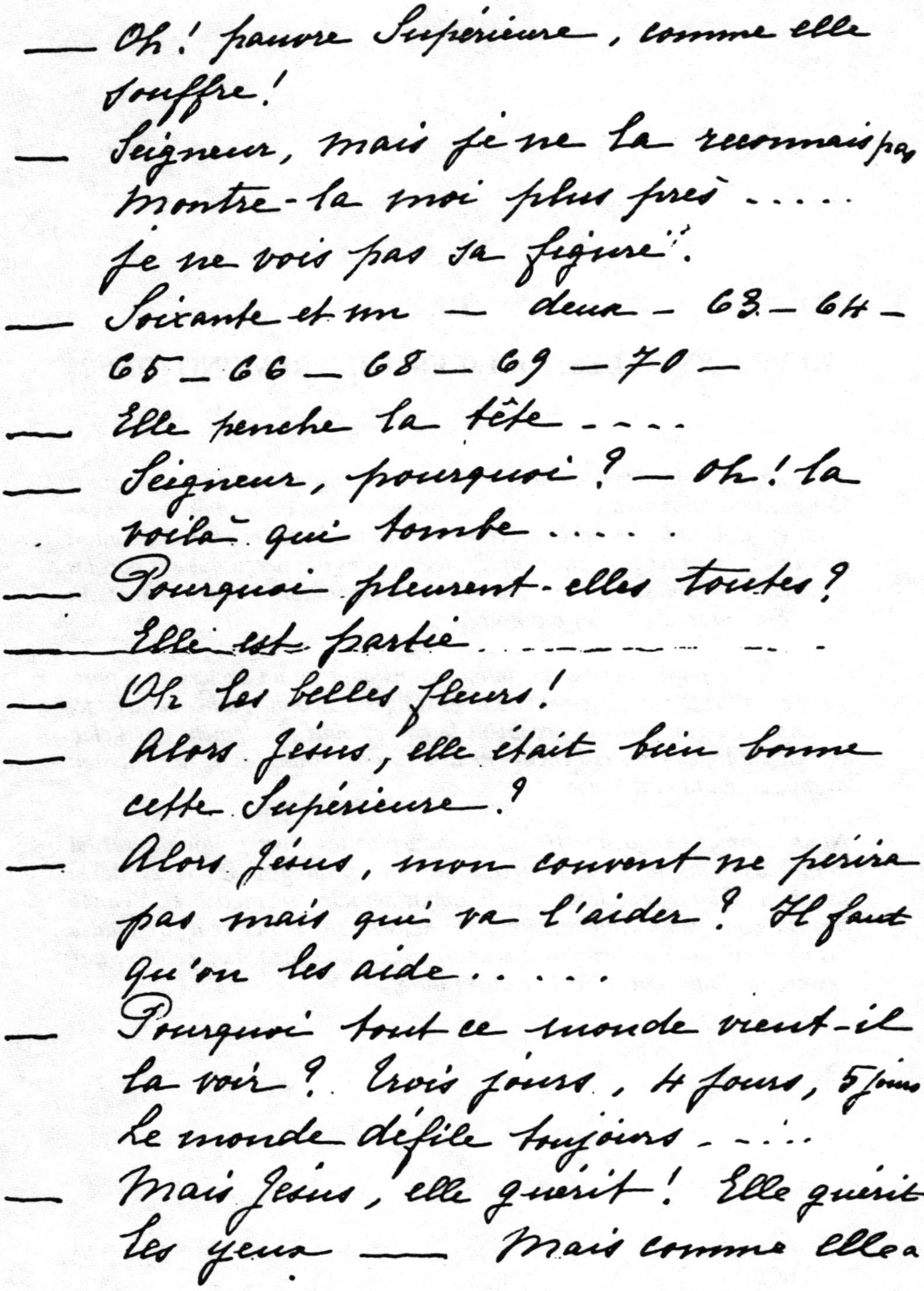
— Oh ! pauvre Supérieure, comme elle
souffre !
— Seigneur, mais je ne la reconnais pas
montre-la moi plus près ....
je ne vois pas sa figure !
— Soixante et un — deux — 63 — 64 —
65 — 66 — 68 — 69 — 70 —
— Elle penche la tête ....
— Seigneur, pourquoi ? — Oh ! la
voilà qui tombe .....
— Pourquoi pleurent-elles toutes ?
— Elle est partie ....
— Oh les belles fleurs !
— Alors Jésus, elle était bien bonne
cette Supérieure ?
— Alors Jésus, mon couvent ne périra
pas mais qui va l'aider ? Il faut
qu'on les aide....
— Pourquoi tout ce monde vient-il :
la voir ? Trois jours, 4 jours, 5 jours
le monde défile toujours ....
— Mais Jésus, elle guérit ! Elle guérit
les yeux — Mais comme elle a

Note de Marguerite Villemont au chevet d'Yvonne-Aimée, 20 octobre 1923, nº 684, ci-dessous, p. 86.

1

18 août 1922

La mort lente. La boue. Le directeur enlevé Désaffection de Mère Madeleine

Notes de Mère Madeleine du Sacré-Cœur, nº 210

Je suis restée près d'Yvonne hier soir (17 août), elle délirait avec une forte fièvre. Au fur et à mesure qu'elle parlait, j'écrivais, mais certaines phrases étaient incompréhensibles. (...)

— Oh ! me dit-elle, vous avez entendu, ma Mère ?

— Non, lui dis-je.

— Vous ne voyez rien, là, sur la cheminée ?

— Non encore.

Elle insistait :

— Vous ne voyez rien ? Là ?

Et elle me montrait l'espace vide entre le candélabre et le vase, à gauche. Je n'avais ni vu, ni entendu. Mais son délire m'en a appris plus long. Je transcris quelques-unes des phrases que j'ai pu saisir dans son délire :

Prémonition	*Réalisation*
— La colombe avait une aile coupée...	Souffrances d'Yvonne-Aimée.
La Sainte Vierge a tourné la tête pour la regarder... Elle était à elle...	
Cela a fait du bruit en tombant Mère Madeleine n'a rien vu, j'aurais voulu qu'elle voie !	Chute d'Yvonne ? (*Vie,* p. 94).
— Mon Père, elle vous a écrit cela le 12.	La lettre du 12 août n'a pas été conservée.
— Le Bon Jésus m'a dit qu'il fallait que je me mortifie et je ne fais rien. Le Père ne m'en parle pas... Pourquoi ? Puisque Jésus l'a dit.	

Je veux bien souffrir pour tous ceux qui ne veulent pas... pour tous ceux qui ne savent pas... mais je ne sais pas non plus... Vous m'apprendrez, mon bon Jésus.

Vocation de souffrance réparatrice.

Quand le Père ne devrait pas me croire,
quand même Mère Madeleine, oh! mon bon Jésus! devrait m'abandonner... [1]
Vous serez là et je Vous aimerai!

L'abandon de Mère Madeleine se produira durant l'été 1928 (*Vie,* p. 132-134).
Cette épreuve dans l'amitié la fortifiera dans l'amour de Jésus seul.

Il faut que je sache...
Je suis votre petite sacrifiée.
Vous me l'avez dit, mon bon Jésus... [2]

Yvonne-Aimée, mourante, accepte son retour à la vie, le 28 novembre 1927 pour continuer son service (*Vie,* p. 129-130).

Mourir lentement, c'est cela...
mourir minute par minute...
souffrir par cet être...
C'est une humiliation...
Je l'ai bien mérité.

Sa vie, après cela, sera la mort lente d'une grande malade moralement criblée d'épreuves, mais debout et suractive, on se demande comment (*Vie,* p. 213).

La colombe
a été dans la boue... oh pourquoi?

Yvonne-Aimée sera salie (de bonne foi), par la campagne de calomnies de 1943 : Sa réussite est diabolique. C'est une possédée. Il faut la déposer, répétera son adversaire. (*Vie,* p. 168-173).

Seigneur,
je ne suis pas!...
Je l'ai vu aujourd'hui encore,
toujours sur le coin de la cheminée...
Oh! votre sang!
Elle en était couverte!
Mon Jésus, vous pleurez...
Si seulement mes larmes pouvaient sécher les vôtres!...
Il est son directeur...
Sera-t-il toujours le mien?...

Le directeur d'Yvonne, le Père Crété, lui sera enlevé par Mgr Gouraud, en 1925 (*Vie,* p. 110) Mgr Picaud l'examinera avec attention sans la suivre ni la conseiller de si près. Il contrôle, mais la laisse se diriger.

1. C'est chronologiquement la première prédiction de la désaffection de Mère Madeleine... notée par Mère Madeleine elle-même. On en trouvera plusieurs autres, ci-dessous page 108-110.

2. Yvonne a noté cette parole de Jésus dans son carnet, dès le 23 juillet 1922, n° 144 : « Je te donnerai aussi la souffrance (...), ce sera la souffrance *intime*... la souffrance cachée (...) les créatures ne te comprendront point toujours... Elles te persécuteront, elles te contrediront, elles ne te croiront pas, mais je te consolerai. »

Amoindrissez-vous toujours…	
Il me prendra par la main… Il me dit qu'il m'emmènera plus haut…	C'est Jésus seul qui la guide désormais. Grâce mystique du 5 juillet 1941 (*Vie,* p. 165, 198).
Je ne veux pas quitter sa main… Il me fera éviter les grosses pierres… Il me fera sauter les fossés… Je ne devrai pas regarder en arrière car je perdrais l'équilibre. La route est trop à pic…	Elle ne quitte pas sa main. Si elle n'avait su vivre la maxime évangélique : de ne point se préoccuper, mais de vivre dans l'instant, elle n'aurait pu tenir à pareil régime.
1916…	Le séjour en Angleterre. Le dangereux retour sur un bateau traqué par un sous-marin (*Vie,* p. 41).
1925…	Yvonne est écartée de Malestroit. Elle n'y fera qu'un seul séjour sur ordre de sa mère qui ignore l'interdiction. C'est l'année où Mgr Gouraud lui enlève son directeur, le Père Crété.
J'attends mon bon Jésus… votre volonté…	
octobre cette année… [1922]	En octobre 1922, elle va entrer en contact avec le Foyer des Filles de Saint-François de Sales qui lui apportera beaucoup.
Il y a un sentier à pic qui va tout droit, mais il y a 2 endroits où je serai forcée de marcher seule…	Elle a perdu le directeur qui la connaissait bien, son « père » spirituel comme elle l'appelait : le Père Crété. Mgr Picaud la discernera et la soutiendra, de manière remarquable, mais n'aura pas cette paternité spirituelle qui caractérisait le P. Crété. Il respectera ce lien et fera inviter le P. Crété à prêcher la prise d'habit (*Vie,* p. 127) et les vœux (*Vie,* p. 133).
C'est trop étroit pour deux… et il n'y a pas de parapet de l'autre côté… Le bon Jésus a fait un autre chemin pour les faibles… Il y a une grande route qui tourne autour de la montagne… Le sentier va tout droit…	Le sentier sans parapet peut évoquer le fait qu'Yvonne est privée de son directeur et que son confesseur ne la conseille plus, mais la soupçonne et la combat.
	Yvonne suit une voie difficile. Elle y revient,
Jésus est dans le sentier… J'y vais aussi… mais il y a 2 endroits où je serai obligée de marcher toute seule…	elle suit Jésus seul, sans être aidée par le P. Crété, éloigné, ni par l'aumônier, qui a cessé tout dialogue.

Le chemin est trop étroit,
et il n'y a pas de rampe de l'autre côté...
Mère Madeleine
ne me croira pas toujours...

Elle marche sans garde-fou, privée de ses conseillers.
Mère Madeleine
doutera et la rejettera, de l'été 1928 au seuil de sa mort : 15 juin 1929. *Vie*, p. 136.

Commentaire de Mère Madeleine :

Cette dernière phrase
m'a été une peine
et quand la petite
a voulu savoir
ce qu'elle avait dit
dans son délire,
je n'ai pu la lui cacher.

Mère Madeleine ne se souviendra plus de cette prémonition, lorsque, malade, elle prendra ses distances à l'égard d'Yvonne, longtemps si intime, et guide de son ascension spirituelle.
C'est l'humaine solitude après cet attachement.

Précédemment
le Seigneur Jésus
lui avait dit

Ici *Mère Madeleine se rassure.* Elle veut mettre la prémonition sur le compte du délire.
Pas de trace extérieure de la prémonition antérieure.

que nous *nous resterions*
toujours ensemble.

nous resterons
toujours ensemble.
Sous cette forme, elle est exacte. Toutes deux étaient *ensemble* dans la Communauté de Malestroit où Yvonne était enfin entrée, mais séparées moralement, tout dialogue rompu. Mère Madeleine lui rendra son affection (d'un mot écrit le 15 juin peu avant sa mort : *Vie*, p. 136).

— Oui, ma petite Mère, m'a répondu Yvonne, mais vous me ferez beaucoup souffrir !... [1]

Yvonne la rassure mais sans rien retirer : l'épreuve future aura bien lieu. Et Mère Madeleine ne se souviendra plus alors de la prédiction qui aurait dû l'en prémunir.

Le Seigneur Jésus le lui a déjà annoncé les premiers jours d'août...

En fait, dès le 23 juillet (Carnet n° 4, p. 27) :
« Les créatures ne te comprendront point
Elles te persécuteront...
Elles te contrediront...

1. Mère Madeleine resta troublée de cette prédiction, sans être éclairée. Elle écrit à Germaine Piacentini, le 4 novembre 1924, n° 798 :
« *Je viens d'avoir une lettre d'Yvonne. Le sacrifice est consommé, et la prédiction de juillet 1922 se réalise. Notre petite Yvonne est séparée de son père [spirituel, le Père Crété : séparation d'avril 1925, que l'évêque prépare. Mère Madeleine continue :] La même prédiction s'étendait à moi. Je dois, moi aussi, être séparée de ma petite fille. Quand? Comment? Par qui?* »
Elle ne saisit pas que ce sera par elle seule, égarée par sa dernière maladie.

Elles ne te croiront pas,
mais je te consolerai. »

Ma pauvre petite chérie !
Ce sera votre volonté,
mon Dieu,
mais combien crucifiante !

L'épreuve fut douloureuse de part et d'autre. Le Seigneur ne leur permit pas de se replier sur une affection spirituelle, pourtant profonde et fructueuse.

Ce soir, nouveau délire,
mais plus court.
Voici les quelques phrases
que j'ai pu saisir
car elle parlait bas et vite :

— Mère Madeleine avait pendu quelque chose au cou de St Joseph
pour avoir
une postulante musicienne...
Elle aura sa postulante
musicienne, Mère Madeleine,
Elle sera contente,
Mère Madeleine...

Ce rite était usuel alors pour confier une intention.
Elle aura
cette postulante musicienne :
Sœur Marie de l'Eucharistie,
entrée en 1924.
Et ce fut pour elle une joie.

2

Mercredi des Cendres, 5 mars 1924

Tous croiront que j'ai trompé

Journal de Jeanne Boiszenou,
5 mars 1924, n° 214

Yvonne a été l'objet de sévères et mystérieux sévices le 4, puis le 5 mars, au foyer tenu par les Filles de Saint François de Sales. *Ce jour-là :*

A 9 h, je remontai près d'Aimée et je lui refis son pansement que le diable avait enlevé. Les coupures avaient 7 à 9 centimètres de longueur et elles étaient profondes. Je pris sa température, elle avait exactement 41°2.

Elle me dit tout de suite après :

— Je suis lasse, j'ai la tête vide...

Puis elle ferma les yeux et tout en étant très calme, elle commença à parler : [...]

Prédiction	*Réalisation*
— Oui, je fais le carnet intime [1], mais c'est long... et puis il y a des détails qui me reviennent après... Oui, je vais vous le donner, c'est dans le 1er tiroir de ma commode... Oh ! non, je n'ai pas fait (ou dit) cela, c'est faux... Je ne sais pas, c'est peut-être le Diable, cet animal-là qui a fait (ou dit, ou écrit) cela... ah ! vous croyez que je vous trompe...	
Vous savez bien que cela doit arriver puisque Jésus l'a dit.	On retrouve une fois de plus cette prémonition sur les soupçons qui vont déchirer si profondément sa vie.

1. Carnet perdu pour mars 24. On n'en a que des brouillons.

	Plusieurs (Mère Madeleine, le Père Bruneau, le Père C., etc.),
Toutes croiront que j'ai trompé	*et non toutes*. Dans l'état de délire, ces prémonitions sont dramatisées, généralisées. Celle-ci peut viser les doutes discrets de certaines Sœurs de la Fédération
même vous, mon Père,	et des soupçons du Père Crété en mars 1943.
car il y aura des preuves contre moi.	Le dossier des « preuves » avait été établi par le Père C. qui l'avait envoyé au Père Crété, et le lira à Sœur Yvonne-Aimée lors de l'entrevue de Quimper, avec menace de le communiquer aux autorités ecclésiastiques, si elle ne démissionnait pas. Il brûlera ce dossier après l'entretien.
Oh ! je ne leur dis pas cela, elles en auraient trop de peine — Vous voyez bien que vous doutez déjà — il faut qu'il en soit ainsi, je vous l'ai dit, ce sont les paroles de Jésus,	
je serai abandonnée de tous... Au Ciel, on saura bien que je n'ai trompé personne.	Le « tous » répond à une outrance de ce délire. Les prédictions autographes sont plus exactes.

3

20 octobre 1925

Des propos prophétiques notés au Foyer : J'aurai vécu dix vies et toutes les humiliations. Expansion des fleurs et des religieuses à Malestroit. Bêtise du démon

Le 16 octobre 1925, Yvonne est venue du Mans à Paris pour rencontrer Mgr Picaud, Evêque auxiliaire de Vannes depuis Juillet, en route vers Rome, qui fait halte à Paris pour visiter le Foyer où elle vit. Il y reste les 17 et 18, y fait enquête sur Yvonne, et en retire une excellente impression.

A. Notes de Marguerite-Villemont
20 octobre 1925, n° 684

Après son départ, le 20 octobre au soir, Mademoiselle Villemont trouve Yvonne tombée à terre avec trace d'un « violent coup sur la tête » (cause non précisée), « la figure pleine de sang ». Elle la fait étendre « sur le lit de Mademoiselle Barbier ». « Subitement » elle s'est endormie (?) ». Le point d'interrogation qui suit le mot endormie est de Mademoiselle Villemont, qui note les propos d'Yvonne, en cet état second :

Dans ce sommeil particulier, où elle semble faire la conversation avec une personne que nous ne voyons pas, j'ai noté ses réponses

Prémonition	*Commentaire et réalisation*
— Oui.	Elle accepte ce que Dieu propose.
— Le petit sentier...	Elle entrevoit son itinéraire spirituel et l'accès difficile à Malestroit.
— Il y avait un endroit à pic et je l'ai franchi — pas tout à fait.	
C'était octobre...	Octobre 1922 selon les notes de sœur Madeleine (p. 81 : 16 août 1922).
— Encore un palier, et ce sera fini.	L'ultime attente : jusqu'au 18 mars 1927 ?
— Quand je serai là-haut, on comprendra quelle a été ma mission sur terre.	

— J'aurai vécu dix vies.	Très juste : servante des pauvres, domestique, enlumineuse, romancière, pianiste, violoniste donnant des concerts ; faisant tous les métiers comme religieuse : cuisinière, économe, architecte, maîtresse des novices, Supérieure, puis Supérieure générale, etc.
— J'aurai vécu toutes les souffrances et toutes les humiliations.	Maladies et sévices, oppositions, accusations, etc. Sa vie en est remplie. L'inventaire est stupéfiant.
— Non, Seigneur, je ne crains pas tes jugements. Ils seront doux.	En opposition à la sévérité des hommes.
— J'ai fait au moins quatre bêtises aujourd'hui.	
— Oh le démon est bête : il me fait faire des bêtises qui me font faire des actes de vertu.	
— Je jetterai des fleurs, des lis, j'en ferai croître : des roses, des œillets, des violettes, du muguet et des liserons.	Elle a fait fleurir les jardins et jusqu'aux balcons de la clinique. Elle peignit beaucoup de fleurs. Elle en offrira, etc.
— Je comprends tout.	
— Oh ! qu'est-ce que tout ce monde ?	Peut-être l'affluence du 3e Centenaire (août 1935).
— Oh ces religieuses, comme elles sont beaucoup ! Oh ! comme c'est beaucoup	La Communauté ne comptait que 41 religieuses, novices et postulantes en 1922 lorsque Yvonne prit contact.
— Cinquante...	50 en 1925
— Soixante...	63 en 1928
— Oh ! comme c'est grand !	Yvonne va préciser par la suite cette croissance de la Communauté
— Mère Ange Gardien n'est plus là...	Mère Ange Gardien meurt en 1952. Elle n'a plus de charge depuis 1926.
— Oh que Mère Supérieure est jeune !	Yvonne-Aimée sera Supérieure à 33 ans, en mai 1935, avec dispense d'âge et de temps de profession.
— Mais je ne la connais pas, Seigneur qui est-ce ?	Yvonne ne se reconnaît pas, là et ailleurs, à la fois par modestie et oubli habituel d'elle-même. Elle ne s'objective pas, elle vit, elle aime.
— Elles ont toutes un anneau au doigt.	Le chapitre de 1931 décidera ce port de l'anneau pour toutes les Sœurs (p. 142)
— Oh ! pauvre Supérieure, comme elle souffre !	Mère Yvonne-Aimée elle-même : santé, adversaires, épreuves intérieures l'ont accablée

REMERCIEMENTS POUR DES GUÉRISONS D'YEUX

1° LETTRE POSTULATOIRE DE M. HODEBOURG de Verbois 20 janvier 1960, n° 11 :

Très Saint Père,

[...] J'ose implorer [...] l'introduction de la Cause de la Servante de Dieu, Mère Yvonne-Aimée de Jésus Beauvais, de Malestroit. Daigne Votre Sainteté vouloir prendre en considération les motifs suivants [...] :

Une enfant risquant de perdre la vue, guérie spontanément après avoir été recommandée à Mère Yvonne.

2° LETTRE DE MADAME R. G. A., Amiens, 26 août 1985 :

D'après l'ophtalmologue, il n'y a plus d'inquiétude pour ma petite fille. Seule une cicatrice subsiste dans l'œil : preuve qu'il y a bien eu quelque chose qui a été stoppé, grâce à l'intervention de Mère Marie Yvonne-Aimée de Jésus.

3° TÉMOIGNAGE DE SŒUR MARIE-ANNICK COUPET, Religieuse de l'Immaculée Conception de Castres, 15 décembre 1985.

« En 1978, lors d'un congé, le docteur, ami de la famille, qui voyait chaque fois Sr Marie Annick pour ses yeux est très surpris. Au lieu d'annoncer, comme d'habitude :

— Il faut un petit changement de lunettes.

Il dit :

— Vous avez une cataracte prématurée. Je ne puis opérer encore. Il faut revenir dans deux ans.

La Sœur a une peur terrible de l'opération, surtout des suites : impossibilité de continuer sa tâche d'enseignante, etc.

Dès 1979, l'œil droit meurt totalement. L'opération est prévue pour juin 1980 : le 12 exactement.

Le 7 juin, Sœur Marie-Annick, qui continue d'aller chaque jour au collège, dont elle est directrice, à mobylette (3 km en pleine circulation), qui a un œil perdu, et dont le 2ᵉ œil n'avait plus que 3/10ᵉ de vision, s'entend dire par sa supérieure :

— Vous ne pourrez jamais être opérée dans 4 jours : anémie, 35 kg, état général mauvais.

La Sœur répond :

— J'ai tout remis à Mère Yvonne-Aimée et à Jésus Roi d'Amour.

Départ [d'Afrique] pour la France, le 8 juin 1980.

— Le 10, prise de larmes, tension de l'œil, numération globulaire. Cette dernière s'avère merveilleuse, malgré tous les signes extérieurs mauvais.

— Le 11, dans la soirée, entrée à la clinique Sourdille, à Nantes.

— Le 12, à 8 h, la sœur est heureuse, très en paix, sans aucune appréhension, sur la civière qui l'emporte vers la salle d'opération. Anesthésie [...] réveil normal à 13 h. Etat parfait.

Le lendemain, demande de livres, papier à lettres. Durant trois jours, lecture, écriture, lettres aux amis.

— Le 16, l'état est si bon que le docteur décide d'avancer de deux jours l'opération du 2ᵉ œil.

— Le 18, avec une paire de lunettes (loupes et les anciennes lunettes par-dessus), la Sœur arpente les couloirs de la clinique, réunit les opérés, on rit, on discute, des amitiés se nouent. Du 18 au 28, jamais elle n'a autant lu, autant écrit. Le 26 juin, elle sort de la clinique, et, le 28, sa famille l'emmène en Vendée pour le mariage d'une nièce [...] Même pour les escaliers et les obstacles, elle n'a besoin d'aucune aide, assiste aux cérémonies, y voit très bien.

— Fin août, les lunettes définitives à double foyer sont prêtes. Le 14 septembre, retour à Libreville. La mobylette reprend : une seule gêne, la vision latérale.

— En 1982, le problème est résolu. Le parfait état des yeux permet le port de lentilles flexibles à double foyer.

En 1984, c'est la perfection : lentilles pour voir de loin et de simples lunettes légères, avec une petite pastille pour la vision de près. Mais où l'on ne comprend pas, c'est que, la plupart du temps, la Sœur conduit l'auto et fait son travail *uniquement* avec les lentilles. Elle les place en une minute, à 5 h du matin et ne les enlève qu'à 8 h du soir, les portant sans aucune gêne. Or son travail est, non seulement la direction d'un collège, mais aussi une lourde tâche administrative, qui nécessite une très bonne vision. Elle conduit le soir dans un flot de circulation, et les autos filent à pleins phares. Il faut regarder de tous côtés et coller en même temps au rétroviseur. Une parole du docteur qui a opéré :

— Vous êtes une protégée du ciel.

Une autre de l'opticien :

— J'ai rarement vu une opérée s'adaptant si vite, plaçant les lentilles avec tant de rapidité, alors que la vision de près et de loin est si différente. On dirait que, pour vous, tout est pareil et simple.

Des dames opérées en même temps ont écrit leurs problèmes : réopération, vision diminuée. Sœur Marie-Annick attribue les grâces reçues à Mère Yvonne-Aimée. Elle dit et redit chaque jour :

— O Jésus Roi d'amour [...]

Malestroit est pour elle un grand lieu de don de Dieu. Sa vie missionnaire est très liée à la Communauté.

Le début de cette lettre dit ses liens avec Malestroit et avec Mère Yvonne-Aimée depuis 1927.

On peut rapprocher de ces faits la guérison de Mademoiselle Jeanne Boiszenou en 1941 : Yvonne-Aimée, apprenant sa maladie d'yeux, lui télégraphie le 6 octobre 1941 (n° 542) : « Urgent aller voir oculiste. » Elle reste aux aguets, en ses lettres des 6 et 15 octobre (n° 542 et 568). Le 26 octobre (n° 601), la guérison est en bonne voie. Mais cet échange suivi, où la prière d'Yvonne est évidente, ne donne pas de base précise pour affirmer une relation de cause à effet.

— Seigneur, mais je ne la reconnais pas. Montre-la-moi plus près... je ne vois pas sa figure...	Elle ne se reconnaît pas dans son avenir de Supérieure.
— Soixante et un	
[soixante] deux	
[soixante] trois	63 religieuses en 1928.
[soixante] quatre	
[soixante] cinq	
[soixante] six	66 en 1929,
[soixante] neuf	
[soixante] dix...	79 en 1930,
	81 en 1931. Ces chiffres prolongent ceux qu'Yvonne évoquait plus haut : 50, 60.
Elle penche la tête...	
— Seigneur, pourquoi ?	
— Oh ! la voilà qui tombe...	Sa mort soudaine, le 3 février 1951.
— Pourquoi pleurent-elles toutes ?	
— Elle est partie.	
— Oh ! les belles fleurs !	Sa tombe sera très fleurie.
— Alors Jésus, elle était bien bonne, cette Supérieure ?	
— Alors Jésus, mon couvent ne périra pas, mais qui va l'aider ?	L'après — Yvonne-Aimée.
Il faut qu'on les aide...	
— Pourquoi tout ce monde vient-il la voir ? 3 jours, 4 jours, 5 jours. Le monde défile toujours...	L'enterrement d'Yvonne-Aimée eut lieu le mercredi 8 février 1951, 5 jours après sa mort (3 février), précédé d'un long défilé devant son corps.
— Mais Jésus, elle guérit !	Dossier des actions de grâces pour guérisons.
Elle guérit les yeux	Guérisons d'yeux entre autres[1].
— Mais comme elle a l'air jeune !	Supérieure à 33 ans.
— Pourquoi tout le monde pleure ?	Les pleurs sur sa mort, comme plus haut.
— Oh ! le Foyer est là !	Les demoiselles du Foyer seront là aux funérailles, Yvonne Bato notamment.
— Oh ! Il pousse des roses !	Extrapolation ? ou futur lointain ?
— Oh ! Tout le monde voit !...	
— Tout le monde sent !... Tout le monde prend !...	
— Oh ! Seigneur comme on verra de belles choses ! Jamais on n'en aura tant vu !	

1. Voir note hors texte, p. 88.

— Oh ! Cette grande chapelle ! Cette grande chapelle ! Comme il y a du monde dedans !	La chapelle a été agrandie par abolition de la grille, dégagement du chœur, et adjonction des deux grandes chapelles latérales par transformation des bâtiments adjacents.
— Je ne reconnais plus Malestroit ! C'est grand maintenant ! Il y a des maisons jusqu'à la gare[2] !	La gare était alors en pleine campagne Cet espace s'est garni de maisons dans les années 1930 et un peu au-delà, au temps où des express Quimper-Rennes s'arrêtaient à Malestroit.
— Et la statue donc !	
— C'est la petite Supérieure Augustine de mon couvent.	Toujours elle.
— Et Monseigneur Picaud (Elle rit)	
— Mais mon Jésus, le couvent n'a plus la même règle.	Les nouvelles Constitutions ont été votées en avril 1931 (*Vie*, p. 141).
Elles ont un anneau au doigt.	L'anneau, adopté en 1931 à l'initiative d'Yvonne-Aimée (*Vie*, p. 142).
Elles chantent l'Office	Autre initiative de Mère Yvonne-Aimée (p. 149).

Est-ce un rêve ? Je ne le crois pas car Y[vonne] ne parle pas en dormant, et j'ai passé tant de nuits auprès d'elle que je puis l'affirmer. De plus elle parlait tout naturellement, comme dans ses extases, ou dans les états particuliers pendant lesquels, insensible au monde extérieur, elle vit dans une autre région et parle avec des êtres que nous ne voyons ni n'entendons.

Est-ce une vision rapide de l'avenir ? de son avenir à elle ? Je l'ignore, mais voyant que Dieu ne lui avait pas fait reconnaître la Supérieure dont elle parle, nous ne lui avons rien dit, et elle n'a jamais su que nous avions noté ses paroles, ni même qu'elle avait parlé. A son réveil (?), elle était encore toute surprise des choses étranges qu'elle avait vues, et auxquelles elle ne comprenait rien !

— Je n'ai toujours pas su qui c'était, Jésus ? Enfin ! je vais beaucoup prier pour elle : elle va tellement souffrir !	Yvonne ignore qu'elle se voit elle-même.
— Si je pouvais lui aider !	
— Oh ! personne ne se doutera...	

2. Signalons pour mémoire le témoignage de Marguerite Tual, recueilli par l'Abbé Labutte, le 22 avril 1970, longtemps après réalisation :
En 1925, je passais le mois d'octobre à Paris, au Foyer (...) Elle me dit (...)
— Quand je vois Malestroit, je le vois grand, grand.

— La souffrance la fera mourir, autant morale que physique.	Tragique et juste résumé de sa mort qu'elle ose formuler, ignorant qu'il s'agit d'elle, après un long sursis chargé de souffrances morales et physiques.
— Deux fois, avant de mourir, elle verra le Ciel.	2 décembre 1927 (*Vie,* p. 130). L'autre jour est incertain.
— Deux fois on la croira morte pendant des jours et jamais on n'a vu cela, Jésus !	Ici la prédiction extrapole et dévie, mais on crut la voir mourir le 2 décembre 1927 (*Vie,* p. 123).
— Oh ! je ne comprends plus, c'est trop compliqué, Jésus, je ne suis pas capable de comprendre quelque chose de si difficile !	Est-ce pour cela qu'elle ne comprend plus et perd pied ?
— Je ne suis pas intelligente, je ne sais rien faire de bien que souffrir... Oh ! si : Aimer !	
— Comme je souffre !	

Certifié littéralement exact : j'ai pu tout écrire facilement.

M. Villemont

B. Notes de Gilberte de Sartiges
21 octobre 1925, n° 685
sur les mêmes prémonitions du 20 octobre au soir

De son côté, Gilberte de Sartiges a noté, sur les pages 59-63 d'un carnet quadrillé, qu'elle a arrachées et enfermées dans une enveloppe de carte de visite, avec la mention :
« Pages confidentielles retirées du carnet » :

Confidentiel, 21 octobre (Le Mesnil St Denys) Je rentre de Paris, où j'ai dû aller passer deux jours, et où j'ai trouvé A[imée] qui était venue du Mans — cette fois comme le commun des mortels ![1]

Sa famille lui ayant permis de venir passer quelques jours à Paris, pour la visite que Mgr P[icaud] a daigné faire au Foyer (...) Mais je tiens surtout à noter ce que m'a dit ce matin Mademoiselle V[illemont] au moment de mon départ :

« A[imée] a vu beaucoup de choses hier soir. Elle parlait très clairement de l'avenir au couvent de M[alestroit].

Mais, ce matin, elle n'a que des souvenirs confus, tandis qu'habituellement, elle se souvient nettement de ce qu'elle a vu.

J'avais pu écrire tout ce qu'elle disait, mais je ne lui dis pas, car Mademoiselle Barb[ier] et moi avons bien compris qu'il s'agissait d'elle-même »

1. Allusion à des transports apparemment instantanés comme celui du 23 juin 1924, de Paris au Mesnil Saint-Denis (lettre d'Yvonne au Père Crété, 24 juin 1924, n° 468).

Mademoiselle V[illemont] me lit ensuite les notes qu'elle a prises sous l'inconsciente dictée d'A[imée]. Je n'ai pas pu tout retenir, car j'étais pressée, et préoccupée par l'heure du train à prendre.

Voici ce dont je me souviens :

Prémonition	*Explication*
Comme le couvent est changé, agrandi. Il y a une belle chapelle et beaucoup de religieuses ; une, deux, trois, etc. (elle les compte ainsi une à une jusqu'à 60). Elles ont un anneau maintenant ! Comme cette petite prieure Augustine est jeune. Comme elle souffre Pourquoi est-ce que je ne puis voir sa figure ?	Les réalisations ont été précisées en face du témoignage plus détaillé de Mademoiselle Villemont, ci-dessus, p. 86-91.
Comme ses religieuses l'aiment.	Yvonne fut très aimée des Sœurs à qui elle assurait beaucoup de paix et de lumière.
Elle meurt... Elle reste 5 jours morte...	Morte le 3 février 1951, ses funérailles ont lieu le 8 : 5e jour.
il vient beaucoup de monde. On n'a jamais rien vu de pareil.	Foule (*Vie*, p. 206 et 219).
...Elle guérit... elle guérit les yeux. Il est aussi question de fleurs roses, violettes, jasmin, tout le monde voit, tout le monde sent, tout le monde prend, puis, la cérémonie passe. Elle nomme parmi les assistants Mgr Picaud. C'est le seul nom de prêtre prononcé. Puis, tout à coup : « Tiens, le Foyer ! » Enfin il est question aussi du bourg agrandi, il y a des maisons jusqu'à la gare, et d'une statue qui l'étonne. A son réveil, tout est confus. Elle se souvient seulement que son couvent était transformé, embelli et qu'à une grande cérémonie, elle avait vu beaucoup de monde... et le Foyer. Elle dit avoir vu Mlle Villemont, Mlle Barbier et moi et une autre personne qu'elle ne connaît pas.	Pour les guérisons d'yeux, voir ci-dessus note hors-texte, p. 88. Nous ne recommençons pas le commentaire, qui serait le même que pour les notes originales de Mlle Villemont. Nous avons reproduit celles de Mlle de Sartiges, dont la fidélité substantielle contribue à confirmer l'objectivité des demoiselles du Foyer vis-à-vis de Sœur Yvonne-Aimée. De même pour les notes suivantes.

C. Notes d'Alice Doublet
Fin octobre 1925, n° 700

Ces notes d'écoute, plus sommaires, se réfèrent aux mêmes paroles que les notes de Mademoiselle Villemont. Les commentaires sont les mêmes.

Prémonition	*Explication*
Comme la chapelle est grande ! Comme les religieuses sont nombreuses ! et elles ont un anneau !	L'anneau attribué aux religieuses en 1931 (*Vie*, p. 142)
Comme la Supérieure souffre ! Comme elle est jeune !	Supérieure à 33 ans avec dispense d'âge (*Vie*, p. 152)
Comme elle est petite ! Je ne puis voir sa figure, qui est-ce donc ? Elle meurt, on fait l'enterrement. Elle guérit les yeux ! Comme il y a des fleurs ! (des roses, du jasmin, des violettes). Comme il vient du monde... Voilà le Foyer : Mlle V[illemont] Mlle de S[artiges] Mlle B[ato] et une personne que je ne connais pas...	
Comme c'est agrandi ! C'est construit jusqu'à la gare.	Malestroit s'est agrandi de ce côté, depuis les années 1930 jusqu'à la gare.
Et qu'est-ce que cette statue ? Tout le monde voit ! Tout le monde sent ! Tout le monde prend ! *Tout porte à croire que c'est* son *propre enterrement qu'elle voit.*	

IV

AUTRES PREDICTIONS (1911-1941)

Pour une homogénéité favorable aux études critiques qu'on pourra multiplier, nous avons commencé par trois dossiers homogènes :
1. Les lettres au Père Crété : 1922-1925.
2. Le carnet de 1929 :
Ces prédictions sont autographes et datées avec certitude.
3. Les rêves éveillés (ou si l'on veut : délires, en état de fièvre ou de choc) : où les propos d'Yvonne sont notés au vol par des tiers, et la datation rigoureusement assurée.

Le 4e dossier, ci-après, groupe dans l'ordre chronologique d'émission, toutes les autres prédictions, de caractère très varié : quelques-unes sont autographes ; d'autres, rapportées par de nombreux témoins. La plupart sont datées avec certitude et antérieures à l'événement ; quelques-unes n'ont été rapportées qu'après coup. Elles sont à long ou court terme, selon le cas. Si certaines d'entre elles paraissent difficilement explicables, d'autres pourraient relever des pronostics ou prévisions : des hypothèses d'une clairvoyance heureuse.

Après les années 30, les prédictions se raréfient et disparaissent. On n'en connaît pas au début de la guerre. Serait-ce parce qu'elle a cessé d'en faire part ? N'est-ce pas plutôt parce que les prédictions cessent d'être utiles à l'heure des accomplissements, où leur fonction transitoire est dépassée ? Yvonne-Aimée est passée de l'heure des créations difficiles, à l'heure de la patience et du gouvernement.

1

« Mademoiselle Rodi sera Carmélite »
Prédiction de 1911, réalisée en 1915

Lettre de Laetitia Rodi
en religion Mère Marie Ange de Jésus, Carmélite
à Madame Beauvais, 1951, nº 156

Un jour de fête, en 1911, je crois, on parlait à table avec ces demoiselles (car les élèves n'étaient pas là) des différentes vocations et chacune disait ses préférences et son admiration pour tel ou tel ordre. Je n'avais rien dit qui pût lui faire deviner ce que je pensais... J'écoutais les autres, et vous aussi, Madame, vous donniez votre avis, d'après ce que ces demoiselles disaient, lorsque tout à coup, Yvonnette, qui était assise entre vous et moi, dit d'un air très assuré :

— Mademoiselle Rodi sera carmélite.

Je lui répondis quelque chose comme :

— Qu'en savez-vous ?

Et je crois que vous lui avez dit :

— Pourquoi penses-tu cela ?

Elle ne s'expliqua pas, mais elle répéta, comme quelqu'un qui est certain de ce qu'il affirme :

— Oui, oui, elle sera carmélite.

La prédiction n'est racontée qu'après coup, mais par la bénéficiaire qui en a été frappée. C'est la seule anticipation d'enfance que nous ayons de ce charisme, qui fleurira à partir de 1922.

2

Mère Madeleine du Calvaire ne sera plus supérieure

Lettre d'Yvonne à Mère Madeleine Bato
Le Mans, 6 octobre 1924, n° 740

Un mot d'Y[vonne Bato, votre sœur], ce matin, m'apprend officiellement (*je le savais déjà* depuis vendredi, par Là-Haut), que Mère Madeleine du Calvaire n'est plus Supérieure de la Maison du Bon Dieu. C'est une grosse peine pour elles deux. Pour moi aussi. Que notre Jésus en soit béni puisque telle est sa volonté !

Mère Madeleine du Calvaire, née Marie-Louise Lefèvre, était jusque-là Supérieure de la Maison des Filles de Saint François de Sales, 15 rue Monsieur (« la Maison du Bon Dieu »).

Yvonne-Aimée ne fait allusion à sa prédiction qu'après réalisation, à la différence de toutes celles qui ont été examinées jusqu'ici. Nous la signalons pour mémoire, comme pièce au dossier des prédictions.

3

Sœur Madeleine mourra en 1929
Prédiction du 18 octobre 1924

Agenda de
sœur Marie du Sacré Cœur,
18 octobre 1924, n° 765

Prédiction

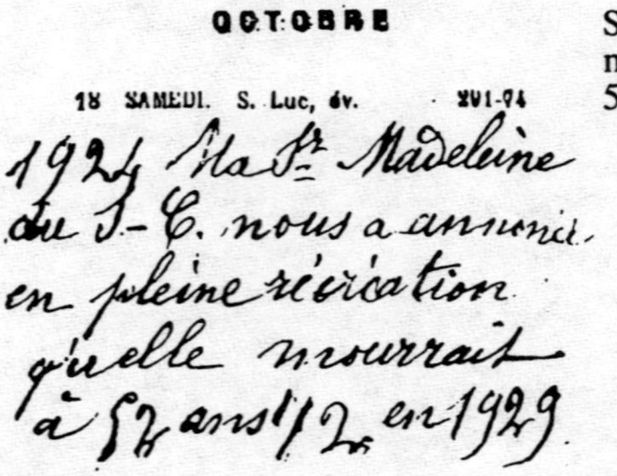
OCTOBRE

18 SAMEDI. S. Luc, év. 291-74

1924 Ma Sr Madeleine du S.-C. nous a annoncé en pleine récréation qu'elle mourrait à 52 ans 1/2 en 1929.

Ceci est le témoignage écrit de la main de Mère Marie du Sacré-Cœur, Assistante.

Les autres témoins soussignés, déclarent avoir entendu, elles aussi, la même déclaration de Mère Madeleine du Sacré-Cœur. Cette déclaration s'appuyait sur une révélation de Sœur Marie Yvonne-Aimée de Jésus, au cours d'une extase.

Sr Marie Anne de Jésus, Supérieure
Sr St Paul, Discrète
Sr Marie du Rosaire,

Réalisation

Sœur Madeleine du Sacré-Cœur est morte le 4 juillet 1929, âgée de 52 ans 1/2.

Sr Marie de Gonzague
Sr Madeleine de Jésus
Sr Thérèse de l'Enfant Jésus,
maîtresse des novices.

Attestation de 1930, n° 398.

4

Mort de Mère Marie de Jésus le 24 juin 1925
Prédiction autographe du 12 mars

Malestroit, 12 mars 1925, n° 192
Carnet d'Yvonne

Jésus m'a dit tout bas que la R[évérende] M[ère] ne verrait pas sur terre l'aube du 24 juin. Je ne dois rien dire.

Le Carnet ne contient aucun nom. Mais le Chanoine Jules Stiltz précise qu'il s'agissait bien de sa sœur :

4 juillet 1925, n° 467
Relation du Chanoine Stilz

A la date du 13 mars 1925, voici textuellement ce qu'on lisait dans un cahier dans lequel une âme très privilégiée de Dieu, [Yvonne-Aimée] notait [...] les mystérieuses communications qu'elle devait à la divine et paternelle tendresse de son Bien-Aimé :
— Jésus m'a dit tout bas : la Révérende M[ère] M[arie] de J[ésus] ne verra pas l'aurore du 24 juin. Je dois me taire.

Par confusion, le chanoine Stiltz parle du 13 mars au lieu du 12. Et sa citation est approximative ;
— il ajoute « M[arie] de J[ésus] »
— « l'aurore » au lieu de « l'aube »
— « me taire » au lieu de « ne rien dire ».
Il continue :

Le 24 juin, avant que la nouvelle en fût parvenue dans le milieu où vivait la jeune chrétienne, miraculeusement avertie [toujours Yvonne Beauvais], celle-ci déclarait que la Révérende M[ère] M[arie] de J[ésus] avait été rappelée par le Bon Dieu à 11 h moins 10, la veille, et qu'elle l'avait vue entrer dans la gloire.

Mademoiselle B[ato] m'a dit elle-même que, le matin du 24, M[ademoiselle] X [toujours Yvonne Beauvais] venait de lui annoncer que, la veille au soir, à 10 h 50, Mère Marie de Jésus avait rendu son âme à Dieu [...]

M[ademoiselle] X [toujours Yvonne], quelques jours avant la mort de M[ère] M[arie] de J[ésus], sur la pensée qu'elle lui exprimait de prier pour la guérison de M[ère] M[arie] de J[ésus], avait eu un geste évasif, dont la suite donne l'explication. Notes prises ce 4 juillet 1925 après une conversation avec M[ademoiselle] X [Bato].

1er décembre 1926, n° 664
Seconde note du chanoine Stiltz

Aujourd'hui 1er décembre, M[adame] B[eauvais] m'a répété ce que je savais d'autre part : ce qu'Yvonne avait écrit dans ses notes :

La Révérende Mère Marie de Jésus ne verra pas l'aurore [sic pour l'aube] du 24. Je l'ai lu moi-même dans ses notes à la date du 13 [sic pour 12] mars 1925 et Jésus m'a dit tout bas : la R[évérende] M[ère] ne verra pas l'aurore [sic pour l'aube] du 24 juin. Je ne dois rien dire.

Et cette consolante parole :

Je l'ai vue aller [ou entrer] au Ciel.

5

Mort de Madeleine de Beauvais le 16 juillet 1925
Prédiction du 9 juillet

Le 20 août 1925, Yvonne-Aimée écrit à Madame Jeanne Quéroy 128 Avenue de Versailles, Paris 16ᵉ :

Madeleine est partie près du Bon Dieu, le 16 juillet, *comme je l'avais dit,* vers 7 h du soir (l'heure et la date de mon jour de naissance). Elle me manque ! Et pourtant je suis si heureuse de la savoir Là-haut (Lettre du 20 août 1925, nº 554).

Yvonne se réfère ici après-coup : « comme je l'avais dit » à la prédiction qu'elle avait faite de la mort de Madeleine de Beauvais.
Mais cette prédiction a été notée ante factum, *le 9 juillet 1925 (7 jours avant la mort) par Jeanne Boiszenou sur son diaire :*

Paroles d'Yvonne Beauvais :
— J'ai vu Madeleine de Beauvais.
— Comment va-t-elle ?
— Très bien, mais il faut qu'elle se dépêche de quitter Paris pour n'y pas mourir, elle mourra je crois le 16 juillet.
— L'en avez-vous prévenue ?
— Non, il ne faut pas dire brusquement de telles choses. Je lui ai seulement demandé si elle serait heureuse que Jésus l'appelle.
— « Oh oui ! mais maman... Si tu me dis cela, n'est-ce pas parce que je vais mourir ? »
— « Ne t'inquiète pas, dis seulement très souvent à Jésus que tu l'aimes. » (nº 476)

Dans son diaire du 10 juillet 1925 (6 jours avant la mort), Jeanne Boiszenou note plus précisément :

J'ai revu Madeleine pour la dernière fois, elle est heureuse à la pensée d'aller voir Jésus ; elle a eu une larme en disant : « Mais maman ! »
Elle part demain matin. Elle tombera malade *lundi* pour mourir le 16. (nº 479)

Enfin, dans son diaire du 15 juillet, vers 9 heures, Jeanne Boiszenou note cette autre conversation avec Yvonne-Aimée :

— Savez-vous quelque chose de Madeleine ?
— Oh ! elle souffre beaucoup ce soir.
— Qu'est-ce qui va l'emporter ?
— La phtisie galopante, elle sera morte demain.
— Le matin ?
— Non, le soir, je pense. (n° 483)

Cette dernière précision est confirmée par Jeanne Boiszenou dans son diaire du 17 juillet, le lendemain de la mort de Madeleine. Elle note ces paroles d'Yvonne-Aimée, qui semble lui avoir appris la nouvelle précise, avant qu'elle soit parvenue par les moyens normaux.

J'ai eu des nouvelles, par Jésus, de Madeleine : elle est morte hier soir à 6 h 1/2, juste à l'heure où je suis née, il y a 24 ans.

Elle a atrocement souffert, surtout mercredi et jeudi. Elle est maintenant au Paradis. Je l'ai perdue de vue de 6 h 1/2 à midi, je ne sais pas si elle est allée faire un tour au purgatoire ou si elle est allée tout droit au ciel.

Elle aimait tant Jésus ! Depuis cinq ans qu'elle le connaissait, elle ne lui refusait rien. (Diaire de Jeanne Boiszenou 17 juillet 1925, n° 487).

*Le père de Tonquédec avait été fâché qu'Yvonne-Aimée tienne à garder la discrétion sur ces prédictions intimes, restées entre elle et Mademoiselle Boiszenou (*Vie, *p. 112). Les documents nous donnent les vérifications qu'il avait souhaitées.*

6

« J'entrerai à Malestroit en mars prochain »
Prédictions échelonnées
du 29 janvier 1924 au 28 septembre 1926

29 janvier 1924, nº 88
Lettre d'Yvonne au Père Crété

J'ai rêvé [...] que j'étais en mariée, prête à franchir la chapelle des Augustines pour prendre le cher Habit des Hospitalières. Si cela pouvait être aussi vrai que l'autre rêve ! !... [Ce rêve n'est que le fruit d'un désir, non une prémonition, répondra le Père Crété le lendemain, 30 janvier 1924, nº 94, cité ci-dessus, p. 12].

22 juillet 1926, nº 470
Carnet d'Yvonne

Fête de ma petite Mère Madeleine. Je suis par le cœur près d'elle. L'année prochaine [1927], je serai, je l'espère, à Malestroit, au couvent. [Note rédigée à Paris, avenue de Versailles].

13 septembre 1926, nº 551
Carnet d'Yvonne

Fête de saint Aimé. Plus tard, je m'appellerai officiellement *Aimée de Jésus,* et cela bientôt, j'espère : en septembre prochain peut-être.

J'ai vu Monseigneur P[icaud] assez longuement. Je lui ai parlé de la décision que j'avais prise d'aller avec Maman au mois de janvier, trouver Monseigneur G[ouraud] pour lui demander la permission d'entrer. J'espère qu'il me l'accordera. [Note rédigée à Malestroit : espérance, plutôt que prémonition].

14 septembre 1926, nº 554
Compte rendu d'Henriette Augris

Y[vonne] souffre beaucoup du cœur. Elle a besoin de s'entretenir avec Mgr P[icaud]. Nous nous retirons quelques instants. Elle nous confie que le Bon Jésus lui avait dit qu'il fallait qu'elle entre au couvent, que son entrée serait prochaine.

C'est au cours de cet entretien avec Mgr Picaud, arrivé à Malestroit, le 12 septembre précédent (nº 549), qu'Yvonne-Aimée précise sa date d'entrée : « Mars 1927 », comme le révèle, antérieurement à l'événement, le document qui suit :

16 septembre 1926, nº 560
Lettre du P. Crété à Yvonne

Vous avez donné une date précise à Mgr P[icaud] « Mars 1927 ». Est-ce bien prudent ? Plaise à Dieu notre Seigneur, que vous entriez en mars. Mais ce sera lui seul qui l'aura fait.

18 septembre 1926, nº 565
Carnet d'Yvonne-Aimée

Décidément, je ne sais ce qui me prend, mais je parle de mon entrée en mars, comme si j'étais sûre que ce bonheur m'arrive. En réalité, je ne sais rien d'affirmatif, mais j'ai une telle espérance, une telle confiance, que je ne crois pas que cela puisse être remis à plus tard. Et pourtant, si le Bon Dieu voulait me faire encore attendre ! mais c'est impossible. Il ne veut plus. J'ai tant attendu déjà !

Donc, ma petite Mère, j'ai fait la liste de mon trousseau et je préparerai tout en arrivant à Paris. [Note rédigée à Malestroit].

20 septembre 1926, nº 570
Carnet d'Yvonne

J'ai la certitude que j'entrerai en mars prochain. Je ne sais comment cela se fera, mais je sens que Jésus le veut. [Note rédigée à Malestroit].

26 septembre 1926, nº 579
Lettre d'Yvonne à Madame Quéroy

Je crois que mon entrée au couvent approche, j'ai idée... mais ce n'est qu'une impression, que je vais entrer assez prochainement, vers le mois de mars prochain. Oh, j'ai hâte d'avoir ma vie fixée et de la donner tout entière au service du Bon Dieu.

28 septembre 1926, n° 585
Lettre d'Yvonne au Noviciat de Malestroit

Je prépare mon trousseau, comme si je devais entrer tout prochainement. Demandez au Bon Dieu qu'il ne me fasse pas trop attendre. [Lettre rédigée au Mans].

1er octobre 1926, n° 587
Journal de Jeanne Boiszenou

Aimée revient de Malestroit par Le Mans. Elle nous dit son espoir d'entrer bientôt à son cher couvent ; déjà elle se prépare, achève son trousseau.

La réalisation

Yvonne Aimée entre à Malestroit le 18 mars 1927. Ses prémonitions, prédictions ou paroles d'espoir sont inégalement précises et affirmatives.

La précision « mars 1927 », qu'elle donne dès le 13 septembre 1926, est risquée. Le Père Crété lui reproche son audace « Est-ce bien prudent ? »

Ce même jour, « fête de saint Aimé *», elle prévoit le nom qui lui sera donné « en septembre prochain : Aimée de Jésus ».*

Si, le 26 septembre 1926, elle parle seulement d'une « impression » ; *le 20 septembre, elle ose dire :* « certitude », *et c'est avec certitude qu'elle agit : préparation du trousseau, etc.*

Le 14 septembre 1926, elle confie à Henriette Augris, une demoiselle du Foyer, la source *de sa certitude, qu'elle cache à d'autres : « Le Bon Jésus le lui a dit... »*

*Son assurance est étonnante, car l'opposition de l'évêque restait inchangée. Le scepticisme du Père Crété était donc bien fondé. Cette entrée lui paraissait impossible, à moins d'une sorte de miracle. L'incident de la fausse lettre du 5 janvier 1927, reçue par Yvonne (*Vie, *p. 110) semble avoir créé la secousse décisive qui provoqua le revirement de l'évêque (*ibid, *p. 118).*

Cette prédiction, liée à une espérance et à un désir, n'a donc pas le caractère inexplicable de certaines des prédictions précédentes. Elle manifeste, par contre, de manière intéressante, le lien entre l'ardent projet d'Yvonne-Aimée et les lumières surprenantes qui l'éclairaient dans la réalisation de ce projet.

7

Désaffection de Mère Madeleine (1927-1929)
Prédictions échelonnées du 13 janvier 1924 au 4 juin 1929

*La rencontre d'Yvonne stimula chez Sœur Madeleine des grâces profondes (Vie, p. 65-66). Mais peu après son entrée à Malestroit, Mère Madeleine se retourna contre elle (*Vie, *p. 126, 132-134, 136). Yvonne retrouva de la part de sa petite Mère, l'éloignement et l'incompréhension qu'elle avait connus avec sa propre mère. Cet éloignement, elle l'avait prévu, à plusieurs reprises, dans sa correspondance avec le P. Crété, puis dans ses Carnets.*

[*13 janvier*] *1924*
Au P. Crété, n°26

Jésus est venu quelques instants après notre conversation. Je l'ai supplié de ne pas me laisser faire de peine à ma petite Mère, de ne pas la décourager. Il m'a dit qu'il n'y avait aucunement de ma faute.
— Ta Mère a un gros défaut, a dit Jésus, son jugement compte trop à ses yeux, et elle admet difficilement que celui de son prochain, opposé au sien, soit juste. Il y a dans ceci plus d'inconscience que de faute. — Mais c'est un défaut.

Et c'est ce défaut qui fera qu'*elle te jugera mal plus tard,* et c'est de là que viendra ta souffrance, et de cela tu souffriras par elle plus que par les autres.

On met longtemps à se corriger d'une mauvaise habitude. Même après cette conversation qu'il y a eu entre vous, elle cherchera, tout en te donnant raison, à ne pas avoir tort elle-même.

7 mars 1925
Carnet d'Yvonne, n° 180

Oh, non, ma petite mère, le démon n'arrivera pas à nous séparer. Il le voudrait bien pourtant. Il y trouverait son compte, mais Jésus veille et il nous aime. Seulement il faut bien que nous souffrions l'une par l'autre. Cela même fait que nous nous aimons ensuite davantage. Oui, c'est vrai, je vous aime plus que jamais, ma mère chérie, je t'aime si profondément.

Yvonne atteste de nouveau la prémonition que le démon cherchera à la séparer de Mère Madeleine. Ici elle dit qu'il « n'y arrivera pas ». Elle prévoit qu'elles souffriront l'une par l'autre. Cela répond bien à l'évolution de leurs relations : Mère Madeleine surmontera sa désaffection peu avant sa mort. La souffrance prévue se vérifie donc ainsi que l'échec final de cette tentation.

5 juillet 1926
Carnet d'Yvonne, n° 429

Ici, la prédiction est plus vague. Yvonne la reçoit de son père, mort en 1904, qui lui apparaît :

Jésus vient me souhaiter [l']heureux anniversaire [de la grâce du 5 juillet]. Il a bien voulu me donner 5 âmes du Purgatoire, en l'honneur de nos 4 années d'union et de la 5e qui commence. Ensuite j'ai vu papa, qui m'a dit de très belles et tendres choses. Il m'a dit aussi que, dans 3 ans, à la même époque, je monterai un dur calvaire, il ne faudra pas désespérer, car Jésus viendra à mon secours. Après des mois de ténèbres, de brisements, de solitude du cœur, d'incompréhension de la part d'âmes amies, ce sera la lumière et le profond bonheur.

La datation est frappante, car Mère Madeleine est morte le 4 juillet 1929, Vigile du 7e anniversaire de cette même grâce fondamentale de la vie d'Yvonne.

22 juillet 1926
Carnet, n° 470

Pourquoi ai-je le cœur tellement serré, en pensant à ma petite Mère ? J'ai idée que je souffrirai beaucoup par elle. Je le lui ai dit déjà, mais je me suis tue, car cette idée la faisait souffrir. Elle m'affirme qu'elle ne doutera jamais de moi. Et moi j'ai peur des prochaines années : de 1927-28-29 ! 1929 !

11 octobre 1928
Carnet 13 d'Yvonne, n° 734

Hier soir, après avoir fait notre prière de règle, j'ai cru comprendre ceci : comme moi, tes meilleurs amis, et ceux-là même qui étaient faits pour te soutenir, te manqueront, te délaisseront ; le doute les assiégera, et tu souffriras d'être soupçonnée et incomprise. Cependant, cela ne durera qu'un temps, car je suis le maître et je briserai les obstacles.

4 juin 1929
Carnet d'Yvonne, n° 200

Dans un mois, tu souffriras beaucoup, m'a dit Jésus, mais ce sera aussi la fin d'une épreuve qui va prendre encore ces temps-ci plus d'intensité (texte déjà cité : p. 72).

L'enchaînement de ces prophéties est cohérent, organique, précis. On y trouve mêlées la désaffection *de Mère Madeleine, commencée en août 1927, et sa* mort, *le 4 juillet 1929, qu'Yvonne entrevoit ou prédit plusieurs fois :*
— 4 ans et demi auparavant (ci-dessus, p. 99).
— Puis, de nouveau, 3 ans avant : le 5 juillet 1926 (ci-dessus).
— Enfin, un mois avant, Yvonne entrevoit à la fois une nouvelle souffrance : la mort de sa petite mère Madeleine, et la fin d'une épreuve, pas seulement parce que cette mort mettra fin à une tension douloureuse, mais parce que mère Madeleine lui rendit son affection avant de mourir, par le petit billet du 15 juin, 11 jours après cette prémonition.

8

Autres abandons : Prémonitions renouvelées de 1922 à 1931

23 juillet 1922
Carnet 4 d'Yvonne, n° 144

Je te remplirai de ma lumière !
Je t'inonderai de consolations !
Je te revêtirai de Ma force !
Mais je te donnerai aussi la souffrance. J'aime à voir lutter ceux que j'aime. Ce sera la souffrance intime... la souffrance cachée, pour que je sois ton seul consolateur. Les créatures ne te comprendront point toujours... mais je serai là ! Elles te persécuteront, elles te contrediront... elles ne te croiront pas, mais je te consolerai.

Octobre 1928
Carnet, n° 744

Non, je ne veux pas penser que mon père [spirituel] finira par douter de moi. Même s'il entend dire de vilaines choses sur moi, je veux croire en lui. Il m'a dit qu'il me soutiendrait toujours, que je serais toujours sa *petite fille...* [Selon cette appellation, il s'agit de l'abbé Bruneau, confesseur].

Ici, Yvonne se débat contre la prémonition qui s'impose à son esprit

Fin mai 1929
Journal de Germaine Piacentini, n° 195

Par précaution, nous avons placé en 1929 ces notes de Germaine Piacentini, rapportant ce qu'Yvonne lui a dit le 22 avril 1923. Le texte n'est pas daté, mais il n'est pas exclu qu'il ait été noté sur l'heure.

— Ma petite Germaine, le démon mettra tout en œuvre pour vous séparer de moi. Il est si fort, il sèmera le doute en votre âme et vous serez tentée à mon sujet.

Je protestai et je jurai presque fidélité à mon Yvonne, avec toute l'affection qui débordait de mon cœur pour elle...
— Hélas, ajouta-t-elle, il y en aura d'autres.

Puis reprenant sa gaieté, elle se mit à me parler de tout ce qui lui était arrivé depuis six mois avec une telle abondance que j'en restais émerveillée [...]

Le 21 [mai 1923] je la revis quelques instants, je pus constater que ni son affection ni sa confiance n'étaient diminuées à mon égard, au contraire. Elle me redit en des termes encore plus forts que j'étais « sa petite sœur ». Elle revenait de voir le Père [Crété] qui l'avait fait souffrir ce jour-là. Elle était triste :
— Tôt ou tard, il doutera, me dit-elle, et cela me fait tellement souffrir, alors que je sens si bien que c'est Jésus qui fait tout.

Concernant les doutes de Germaine Piacentini, nous n'avons pas d'informations. Pour ceux du Père Crété, voir ci-dessus p. 80.

8 janvier 1931
Carnet 18 d'Yvonne, n° 30, p. 13-14

Les épreuves que le Seigneur m'a dit qu'il m'enverrait ne m'ont pas été dévoilées. Je n'en sais ni la date, ni la nature, ni la durée. Je me fixe sur l'idée que je serai abandonnée, du moins tellement incomprise, soupçonnée, qu'il me faudra partir.

Je pense à cela parce que c'est, il me semble, l'épreuve la plus pénible qui pourrait m'arriver, et qu'un jour, il y a déjà plusieurs années, le Seigneur m'avait demandé d'accepter d'être abandonnée de mes amis, de quitter le lieu que j'aimais.

Néanmoins *je ne puis dire que la chose m'a été annoncée comme devant arriver,* et j'ai peut-être tort d'y arrêter mon esprit. Tant d'épreuves me sont arrivées, autres que celles que je prévoyais.

Je sais seulement que je souffrirai beaucoup, beaucoup. Mais j'ai tellement confiance en Sa grâce, pour tout supporter et bien supporter que je ne m'inquiète pas. Ce serait manquer d'abandon et de confiance. [...] Je laisserai faire Dieu [...] Je me contenterai d'aimer. Lui d'abord, mes Mères, mes Sœurs — follement — de me dépenser pour elles toutes... jusqu'à la mort.

Cette dernière prémonition va au-delà des événements qui arriveront. L'adversaire de 1943 cherchera par tous les moyens à faire partir Yvonne de Malestroit : sous menace ou par procès ecclésiastique. Mais elle fut protégée de cette extrémité.

2 janvier 1932
Diaire du P. de la Chevasnerie, n° 10

Il y notait, en style télégraphique, certaines prémonitions que lui rapportait Yvonne-Aimée.

La grande épreuve ? Pas moi, mais Rome. [Elle lui a donc prédit qu'il se retournerait contre elle, il pense que les menaces viendront plutôt de Rome.]

Ces textes manifestent l'intensité avec laquelle Yvonne perçut les désaffections, à divers degrés et momentanées, de quelques-uns de ses meilleurs amis et soutiens : au total moins de dix. Ces prédictions recoupent celles que nous avons trouvées plus haut dans ses autographes (p. 38, 44, 61, 63 ; cf. p. 80 et 108 à 110). Inutile de détailler. La seule désaffection qui nous échappe est celle de Germaine Piacentini.

9

L'autorisation et les fonds viendront pour la clinique
Prédictions de 1925-1926, réalisées en 1928

Les prédictions

10 avril 1925, n° 289
Notes du Chanoine Picaud, pour le P. de Tonquédec

Le 11 janvier (...), je me rendis à la clinique. De fait, Y[vonne] B[eauvais] était aux prises avec de vives souffrances. [Sévices du démon...]. Au cours de cette scène, elle me dit :

— Je vous ai appelé, car j'ai encore une communication à vous faire. Je n'ai pas eu le courage de le faire chez vous, mais je l'ai regretté, et c'est lorsque je me suis décidée à vous le transmettre au plus tôt que le démon m'a assaillie.

Voici ce que j'ai à vous dire : Il ne faut pas mettre d'obstacle à l'installation d'un sanatorium annexé à cette clinique.

Le 12 janvier, au lendemain de cette scène, Y[vonne] B[eauvais] vint à Vannes et me fit visite. Je lui fis part alors de mon impression de la veille, lui disant que j'imaginais mal une intervention de Notre Seigneur pour un objet de cette sorte (...). Elle me répondit qu'elle savait que les capitaux viendraient, que le personnel viendrait, et que les médecins ne déconseilleraient pas l'endroit.

Comme je restais sceptique, précisant que, pour entraîner une adhésion de ma part, il faudrait un signe du ciel bien net,

— Vous l'aurez, me dit-elle avec force (ci-dessous, p. 115-116).

Paris, 6 juin 1926, n° 358
Yvonne Aimée à Mgr Picaud

Il n'y a que le Bon Dieu qui puisse nous éclairer dans cette affaire [de la construction de la clinique], mais je suis sûre qu'il nous enverra sa lumière, je suis sûre qu'il y aura des indications providentielles très évidentes qui nous forceront d'agir suivant les vues du Seigneur.

En attendant ces preuves, je prie et je souffre pour qu'il réalise dans ce couvent et par ce couvent, tout le bien qu'il en attend pour sa plus grande gloire. (...)

Je suis persuadée, Monseigneur, que Notre Seigneur veut faire de M[alestroit] une œuvre assez importante, dans laquelle il sera aimé, glorifié, servi, plus que partout ailleurs.

Pourquoi ? je ne sais pas, mais c'est incroyable comme il aime ce couvent. Où veut-il l'établir... ? Je ne sais pas encore... mais je ne crains rien. Il m'a dit qu'il enverrait sa lumière, et j'ai foi en Sa parole. Il y aura des moments durs à passer... C'est dans l'épreuve que le Bon Dieu veut que nous travaillions, mais peu importe puisque nous arriverons au but.

Paris, 8 juin 1926, n° 366
Yvonne à Mère Madeleine

J'ai répondu à Monseigneur que le Bon Dieu, s'il voulait réellement l'œuvre, montrerait sa volonté, et qu'il enverrait pour cela les capitaux nécessaires.

Vannes, 12 juin 1926, n° 379
Mgr Picaud à Mère Madeleine du S.Cœur

Si le Bon Dieu a des desseins dont je ne vois pas l'accord avec mes pauvres petites précisions, il le montrera (...). Un dernier mot reçu d'Y[vonne] B[eauvais] s'accorde pleinement avec cet état d'âme. De plus, il promet des lumières pour l'avenir.

13 septembre 1926, n° 551
Carnet d'Yvonne rédigé à Malestroit

Jésus a envoyé son encens et un billet de mille devant nous ! Je n'ai eu qu'à le cueillir de sa main. N'est-ce pas une réponse ? N'est-ce pas lui qui clairement nous a dit : « Ne vous inquiétez pas pour l'avenir. Les fonds viendront.

13 septembre 1926, n° 552
Compte rendu de Henriette Augris

Je sens tout à coup une sorte d'encens qui se répand dans tout le couloir. Je frappe chez Mgr P[icaud] et l'invite à se rendre compte du parfum. Il est occupé avec Mère Mad[eleine] et Mlle B[eauvais].

Mgr me dit que ce parfum s'était répandu aussi dans sa chambre, au moment même où tous trois discutaient sur une question très embarrassante. En sortant dans le couloir, il rencontre Aimée et lui dit :

— Je crois que c'est la réponse du Bon Jésus.

Aimée paraît tout émue, regarde de temps en temps au plafond, je pense qu'elle va voir Jésus, car son regard est céleste. Je ne la quitte pas des yeux. Je la vois tendre le bras et la main, comme si elle devait recevoir quelque chose. Nous n'attendons pas longtemps, nous voyons tout à coup un billet de 1 000 francs se poser dans sa main. Nous sommes tous quatre bien émus.

Monseigneur voit dans tout cela la réponse de Jésus pour la question qui les embarrassait un moment auparavant.

5 mai 1927, n° 268
Mère Madeleine à Mgr Picaud

Le Seigneur a communiqué à Yvonne le plan « de la clinique, le petit jardin, la grille (...)

Encore un détail : Sœur Yvonne-Aimée, dans l'extase qui a suivi votre visite, a parlé au Seigneur Jésus de Mgr G[ouraud] et de son opposition. Jésus, a dit la petite sœur, n'a pas semblé en tenir compte. J'ai l'impression qu'il s'en chargeait.

Réalisation

A la suite du curieux incident, raconté de manière indépendante et concordante par Yvonne et par Mademoiselle Augris (témoin oculaire), puis de la visite de Monsieur Bolloré (généreux bienfaiteur) à Mgr Gouraud[1]*, (24 décembre 1927), celui-ci donna sur-le-champ l'autorisation qu'il avait jusque-là exclue (n° 819). Il la confirma à Mère Madeleine du Sacré-Cœur, le 26 décembre 1927, en confiant à Mgr Picaud le soin de mener cette affaire (n° 849).*

Sœur Yvonne-Aimée donnera elle-même le premier coup de pioche, le 1er mai 1928 (n° 422), et la première pierre de la clinique sera bénite par Mgr Picaud, le 20 juin suivant.

1. Signalons pour mémoire une vision obscure d'Yvonne-Aimée, rapportée par plusieurs témoins : Mère Ange Gardien, 20 août 1927, n° 482 et 18 septembre 1927, n° 565, et l'Abbé Bruneau, 19 septembre 1927, n° 570. Yvonne-Aimée voyait Mgr Gouraud s'engager sur un chemin qui le conduisait à la noyade, et cherchait à le lui éviter. Que signifie cette vision ? On n'en a pas la clé. S'agirait-il de sa mort qui aura lieu 13 mois plus tard, le 2 octobre 1928 ? Ou de son opposition, encore non résolue, à la construction de la clinique ? Quelque chose d'autre a-t-il interféré, dans l'esprit d'Yvonne-Aimée, dont la prière et les négociations étaient alors polarisées du côté de Monseigneur ? Nous ne voyons pas de moyen de répondre à ces questions et nous mentionnons ce dossier obscur pour mémoire.

Cette vision d'une noyade, qui peut étonner, est classique pour évoquer de graves problèmes de gouvernement. Jean de la Croix, comme définiteur général, recommandait « de ne pas se jeter dans une mer si profonde et scandaleuse » en chassant Gratien de l'Ordre. Et au sujet de cette affaire, il confia à son confesseur : « Il me fut représenté une mer, et notre Père vicaire général et les définiteurs entraient dans cette mer, et moi je leur criais d'en sortir parce qu'ils s'exposaient au péril de se noyer et, à la fin, je vis que tous étaient noyés » (P. LAUZERAL, *Vie de saint Jean de la Croix,* Paris Médiaspaul 1985, p. 337-338, et BRUNO DE JÉSUS MARIE, *Vie d'amour de saint Jean de la Croix,* Paris DDB 1936, p. 244).

De même, cette notation de Mère Stanislas Picard, dans son carnet noir, 11 octobre 1928 (n° 737) :

> Monseigneur Gouraud est mort subitement le 3 [en fait le 2] octobre au soir [...] La nuit dernière [...] notre Mère [...] a aperçu Sœur Yvonne-Aimée qui semblait se pencher bien bas en dehors de son lit. Mgr G[ouraud] venait de lui demander des prières.

10

Les heureuses relations futures avec Mère Michaël (1931)
Prémonitions échelonnées à partir de 1926

Prédictions

Yvonne-Aimée commence ex abrupto *en relatant une vision d'anges qu'elle désigne par leur nom.*

19 août 1926
Carnet d'Yvonne, n° 529

Aujourd'hui, j'ai vu *Lumen* [son ange gardien] et l'Ange *Gloria,* avec un autre qui s'appelle *Pax.* Ils m'ont seulement regardée et sont partis. Cependant, l'Ange *Gloria* s'est retourné, une fois, et m'a fait un signe d'au revoir.

Il paraissait, à ce moment-là, avoir devant lui, *une grande religieuse, habillée comme une Augustine,* mais je ne la connais pas. Elle n'est pas encore à Malestroit. Elle y sera peut-être un jour, à moins qu'elle ne soit dans une autre Maison.

Cependant, si c'est l'âme que j'ai vue hier, elle sera près de moi ou dans ma vie. [Note rédigée à Varades].

4 juin 1929
Carnet n° 200 (présenté plus haut en synopse, p. 74)

J'ai vu aussi une pièce que je ne connais pas, avec des meubles bretons, mais à l'intérieur de la Communauté. Je n'ai pu la situer.

J'écrivais à une table. La Sainte Vierge était près de moi, me dictant quelque chose. Je voyais une grande religieuse, assise dans un coin de la pièce, pâle, au large sourire, elle me regardait. La Sainte Vierge la regardait aussi, mais elle ne la voyait pas.

J'ai demandé à la Sainte Vierge :

— Qui est-ce

— M. L...

Je n'ai saisi que deux initiales.

Mais la Vierge a ajouté :
— Elle t'aimera, son père [spirituel] aussi. Il pourra t'aider de plusieurs façons, et il le fera, et je le bénirai, car il est un de mes fils très chers.
Puis la vision a disparu.

18 mars 1931
Carnet d'Yvonne, n° 155

Date [anniversaire] de mon entrée ici.
Dans ma communion, le Seigneur m'a dit ce matin :
— Avant que l'année ne se termine, je t'accorderai une grâce, une grande joie : je te ferai connaître une âme qui m'est chère. Entre elle et toi j'établirai un lien particulier.
J'attends, heureuse, cette grâce, et, d'avance, je vous en remercie, ô mon Seigneur Jésus — si vou...

Comme les moines du Moyen Age dont on citait alors l'exemple, Yvonne, dont la liberté supportait si mal la cloche, s'est arrêtée au premier tintement, au milieu d'un mot. Elle reprend le lendemain 19 mars sur la même page du carnet :

Hier, la cloche a sonné. Que voulais-je vous dire ? Peu importe. Aujourd'hui encore, je vous ai entendu, ou j'ai cru vous entendre me dire :
— Elle [Sœur M.] verra et comprendra, et si elle m'est fidèle

On ne sait si la cloche a sonné encore, mais la phrase paraît interrompue.

Réalisation

Les traits sont d'une précision qui dépasse, en plusieurs points, les effets et rencontres du hasard sur lequel tablent les diseuses de bonne aventure. Sœur Michaël est effectivement grande, plus grande que Sœur Yvonne-Aimée. Ce trait revient dans les deux premières prédictions. Et la seconde donne les initiales *de la Sœur : Michaël Leahy. Elle était bien* Augustine, *avec le costume, et son directeur, Mgr Duchemin, aidera Yvonne, comme nous l'avons déjà dit plus haut.*
Le témoignage de Mère Michaël, envoyé à Mgr Picaud le 8 octobre 1946, confirme que c'est bien d'elle qu'il s'agit :

J'ai vu Mère Yvonne-Aimée en extase pour la première fois. Elle était belle, et avait l'air très heureuse. L'extase dura dix minutes à peu près. Plus tard, elle m'a dit qu'elle avait vu son Ange *Lumen*. Il était seul d'abord, puis accompagné du mien, dont elle ignorait le nom. Elle le demanda, et pendant la grand-messe de la Fête-Dieu, elle écrivit le mot *Gloria* sur un morceau de papier qu'elle me donna en disant :
— C'est le nom de votre ange (n° 644).

Ce nom recoupe la prémonition du 19 août 1926, où Yvonne connaît le nom de l'ange Gloria *(ci-dessus, p. 117), au temps où elle ignorait encore Sœur Michaël. Yvonne avait oublié ce nom qu'elle énonçait déjà dans cette première prédiction, et l'identifie de manière identique vingt ans plus tard, en 1946.*

11

Les relations futures avec Mère Stanislas, Ursuline
Prémonition de 1924, réalisées à partir de 1931

Prémonition

26 février 1924, nº 184
Lettre d'Yvonne au P. Crété

Angèle m'envoie une lettre de Ploërmel... c'est clair :
— Venez chez nous ! [lui disent les sœurs de cette ville].
Pauvres Mères Ursulines, elles doivent avoir du chagrin. Mais elle ne resterait pas à Ploërmel. J'aimerais mieux, si elle veut se faire Ursuline, qu'elle n'entre pas dans cette Maison *qui ne vivra pas.*

Prémonition ou pronostic ? Il est vrai que cette Maison de Ploërmel sera fermée en 1932. Yvonne continue :

J'ai pourtant rêvé, la nuit dernière, que j'étais dans une chambre longue et pavée, et que j'embrassais une Ursuline de tout mon cœur. Elle était pâle et mince, et Jésus nous tenait enlacées. Vous voyez bien que je les aime, les Ursulines !

Réalisation

Ce rêve prémonitoire annonce les excellentes relations qu'Yvonne aura avec Mère Stanislas, Ursuline, à partir de 1931.
C'est bien dans « une chambre longue et pavée », à Rome, dans le Couvent des Ursulines, qu'eut lieu leur première rencontre.

Mère Stanislas elle-même évoque la réalisation de cette prédiction dans le P.-S. de sa lettre du 10 février 1933 à Mère Sylvie-Azais.

Angèle (aujourd'hui Sœur Marie-Emmanuel à Malestroit), ancienne élève des Ursulines de Ploërmel, était, à cette époque, pressée par nos Mères d'entrer chez elles. Ah ! en 1924, rien ne faisait prévoir la fin de cette maison, puisque nous n'avons commencé les suppressions qu'en

1927, et Ploërmel a en effet cessé de vivre en 1932. La prédiction de notre petite fille s'est donc pleinement réalisée. Quant au rêve, n'est-il pas aussi devenu réalité ?

Revoyez-vous, chère Mère, cette chambre *longue et pavée* où étaient nos 2 Blanches [les 2 Sœurs Augustines en blanc] à Rome, et l'Ursuline « *pâle et mince* » embrassée de tout cœur par notre Trésor [Yvonne-Aimée] ?

Quand nous nous reverrons, car nous nous reverrons un jour, je l'espère, je vous raconterai encore bien des choses que je ne puis guère confier à la poste.

Mère Sylvie Azaïs, destinataire de cette lettre, était chez Mère Stanislas, dans le couvent des Ursulines de Rome, en même temps que Mère Yvonne-Aimée et Mère Marie-Anne, en 1931. Elle avait été mêlée de près au contact de Mère Stanislas avec Mère Yvonne-Aimée. Toutes deux en étaient restées profondément marquées.

12

Un voyage à Rome : hospitalité imprévue des Blue Sisters et longue audience du Pape

(Prémonitions de 1933-1935, accomplies en 1946)

Prémonitions

11 février 1933, n° 108
Lettre d'Yvonne à Mère Stanislas, Ursuline

J'ai rêvé cette nuit que j'allais à Rome, que j'avais longuement causé au Saint-Père, qui s'était montré affectueux et paternel. Je n'étais pas descendue Via Nomentana, mais dans un autre couvent, dont je ne connais pas les religieuses.

5 janvier 1935, n° 15
Mère Marie Anne au Père G. Sauvage

La nuit du 25 au 26 décembre, elle a rêvé que nous étions à Rome, pour affaires, et que vous nous conduisiez au Saint-Père. Elle m'a donné à ce sujet des détails si précis que je me demande parfois si c'est bien un rêve ou un songe prophétique. Elle en était toute heureuse, mais elle le serait plus encore si cela devenait une réalité. Et moi, mon Révérend Père, je serais bien contente de vous la conduire.

7 janvier 1935, n° 18 (référé au même rêve)
Yvonne-Aimée au Père Sauvage

Si vous saviez comme souvent, ces temps-ci, je me transporte en esprit via dei Cappucini [= chez vous].

Il y a seulement quelques jours, j'ai rêvé que je montais votre escalier, et qu'après m'être bien installée dans le grand salon du premier étage, j'avais eu avec vous, une très longue conversation.

Ceci pour vous prouver que je pense à vous, mon Père. Vous revoir me ferait assurément, bien grand plaisir, et je prie le Seigneur Jésus de me ménager cette joie.

Réalisation
en décembre 1946 :

Lettre annuelle de Mère Yvonne-Aimée
11 février 1947, n° 81

Monseigneur Duchemin, le Recteur du Collège Pontifical Beda, à Rome (...), Prélat éminent et sympathique (...), d'origine française par ses ancêtres paternels (...), mais (...) véritable gentleman anglais, nous a retenu une auto (...), nous accompagna à la clinique des Sœurs anglaises où lui-même nous a gardé deux places. Peu solides toutes deux, nous avons pensé qu'il était préférable de descendre dans une maison où, en cas de fatigue, nous aurions les soins nécessaires, sans donner de dérangement. Nous sommes tout près de Saint-Jean-de-Latran, dans un quartier aéré, et qui domine la campagne romaine. Le soleil nous accueille et nous tiendra compagnie jusqu'à l'avant-veille de notre départ. Cependant, les nuits sont plutôt fraîches, mais nous sommes en décembre [c'est dans la résidence des *Blue Sisters*. Lettre du 7 décembre 1946, n° 748].

Nous déposons nos bagages, et, pour saluer à notre arrivée, le Révérend, Père Sauvage, nous lui téléphonons. Sur son désir de nous voir, Mgr Duchemin nous conduit au Père aussitôt. Ce bon Père, après s'être informé de notre voyage, nous explique le travail à préparer, et nous conseille d'avoir, dès le lendemain, une entrevue avec Mgr Sposetti, de la Congrégation des Religieux, car, nous dit-il, si vous désirez emporter vos approbations et indults, il ne faut pas perdre de temps.

Et c'est ainsi que, dès le lendemain matin, nous pénétrons, la Révérende Mère M. Michaël et moi, à la Sacrée Congrégation des Religieux. Le Révérend Père Sauvage nous accompagnait (...)

J'étais assez émue (...). Sans mots inutiles et avec précision, il fallut exposer à Mgr Sposetti le but de notre venue à Rome, notre travail de la réunion, nos désirs, etc. ...Aux questions nettes et directes de Mgr le Secrétaire, il fallait répondre avec assurance, mais j'étais là aussi pour accueillir les suggestions et les désirs de la Sacrée Congrégation, et je le dis simplement. Notre première entrevue dura plus d'une heure. Nous emportions de cette visite, un sentiment très mélangé de confiance... et de crainte (...)

Après 4 séances, notre travail était terminé, il ne restait plus qu'à attendre indult et approbations. Par une très grande complaisance de Mgr le Secrétaire et bienveillance de Son Excellence Mgr Pasetto, nous les eûmes presque tous avant notre départ de Rome (...).

Nous désirions (...) avoir une audience près de Sa Sainteté Pie XII. Grâce encore à Mgr Duchemin et au Révérend Père Sauvage, nous eûmes ce bonheur le 13 décembre à midi un quart (...) Un ascenseur nous conduisit au salon de réception du Souverain Pontife (...). C'est très impressionnant... On se sent recueillie, comme en pénétrant dans une église et, cependant, l'on s'intéresse à tout ce que l'on voit, ne voulant perdre aucun détail d'une aussi rare visite : la noble et sévère somptuosité des salons pontificaux, les tapisseries magnifiques, les allées et venues des gardes suisses, des gardes nobles, des camériers secrets, des visiteurs qui précèdent... on peut attendre sans s'ennuyer, et l'on pense à ce que l'on pourra dire, lorsque notre tour viendra... Nous souhaitons passer les dernières pour être plus à l'aise, et notre désir est exaucé.

Enfin, nous franchissons le dernier salon de réception. Quelle minute émouvante que celle où la silhouette du Très Saint-Père s'avance, telle une blanche apparition, dans la pièce où nous sommes, et celle où, prosternés à ses pieds, nous recevons une première bénédiction et un souhait de paternel accueil. Après nous avoir fait nous relever, la conversation s'engage. Notre Saint-Père s'informe de notre nationalité et adresse un mot en anglais, à la Révérende Mère M. Michaël, puis continue en français. Il s'informe de notre vie, et j'essaie de dire beaucoup de choses en peu de mots. Je parle de nos Monastères, des différents pays où nous sommes, de nos missions, de notre désir de créer des noviciats indigènes, du travail pour lequel nous sommes à Rome.

Le Très Saint-Père s'intéresse et bénit. Enfin, j'ose une question :

— Très Saint-Père, avez-vous confiance ? Croyez-vous que la France se renouvellera, qu'elle reprendra sa place, sa mission dans l'Eglise ?

— Oui, évidemment, j'ai confiance. Elle reprendra sa place (...)

Mais l'expression du Saint-Père s'attriste. Que pensait-il alors ?

Je n'ai pas voulu prolonger trop longtemps une conversation qui, certainement, eût contribué à fatiguer Sa Sainteté. De nouveau, à ses genoux, nous demandons pour chacune de vous, mes Révérendes Mères et chères Sœurs, et pour nos amis, la Bénédiction apostolique. Avec une paternelle bonté, il nous remit à chacune, un chapelet, contenu dans un simple étui frappé aux armes pontificales ; puis, silencieusement, nous regardâmes s'éloigner la haute et mince silhouette toute blanche du représentant de Jésus sur la terre. Il était une heure et quart. Nous étions la dernière visite de la matinée.

13

« L'indulgence plénière viendra plus tard »
Prédiction du 2 janvier 1934,
réalisée sous Jean XXIII, le 12 décembre 1958

Mère Yvonne-Aimée à Mère Marie Bernard, de Rennes
2 janvier 1934, n° 7

[Concernant la prière] *O Jésus Roi d'amour,* [...], savez-vous, ma chère Mère, que le Pape *lui-même* vient d'indulgencier, cette fois pour tout l'Ordre (tous nos Monastères : personnel et malades), notre petite prière, comme à vous [l'indulgence n'avait été obtenue jusque-là que par le Monastère de Rennes] : 300 jours et indulgence plénière au bout du mois.

Monseigneur Tréhiou n'en revenait pas qu'on nous ait accordé l'indulgence plénière au début du mois, surtout en ce moment.

Nous allons annoncer, dans l'annuelle, cette bonne nouvelle, nous sommes heureuses de penser que beaucoup vont profiter de ces indulgences. L'indulgence universelle viendra plus tard.

C'est Jean XXIII qui accorde l'indulgence universelle le 12 décembre 1958. On peut penser qu'il y a là prévision plutôt que prédiction. Nous n'indiquons ce fait que pour mémoire.

14

Sa mort subite
Prédiction de 1938, réalisée le 3 février 1951

Prédiction

Ce témoignage de Sœur Pia sur une conversation de 1938 n'a été rédigé que le 30 juin 1968 :

Pendant son séjour à la Mission [d'Afrique du Sud : 1938], nous fîmes une promenade dans les prés voisins. Très Révérende Mère Yvonne-Aimée, Mère Marie-Anne alors son Assistante, Mère Saint Augustin, supérieure de la Communauté d'Estcourt, Mère Thérèse, son Assistante et moi, faisions partie de la promenade... Très Révérende Mère Yvonne-Aimée avait l'air reposée, disait combien heureuse elle était d'être en Afrique, en terre missionnaire, etc.

Alors Mère Saint Augustin de lui dire qu'on espérait bien qu'elle retournerait encore nous voir... A cela, elle répondit calmement :

— Oh non, je n'ai plus longtemps à rester sur la terre, je repartirai bien vite, entre un soir et un matin...

Elle dit encore quelque autre chose, que je ne pus comprendre, comme je marchais un peu en arrière, puis on parla d'autre chose.

Réalisation

Sœur Yvonne-Aimée mourut entre un soir et un matin, le 3 février 1951. Elle se préparait, envers et contre tout, à repartir pour l'Afrique du Sud, en s'abandonnant au devoir quotidien :

*— Si... si je le puis, j'irai (*Vie*, p. 205)*

La formule employée par sœur Pia se trouve déjà dans une lettre d'Odette de Montlo à l'Abbé Bruneau. Odette y rapporte une parole qu'elle aurait reçue de Jésus Lui-même : « Elles [les sœurs] n'apprécient pas assez leur trésor [= Yvonne]. Je le leur prendrai entre un soir et un matin (Lettre du 7 septembre 1927, n° 527).

*Cette prédiction d'Odette se situe peu avant ce 2 décembre où Yvonne agonisa et accepta un sursis de vie pour servir (*Vie*, p. 129-130). Aurait-elle visé à la fois cette mort manquée et la mort du 3 février 1951 ?*

15

« Il reverra sa mère une fois, mais pas deux »
Prédiction au Père Chotard en 1935, réalisée à partir de 1946

Le Père Fernand Chotard, Oblat de Marie Immaculée, Missionnaire au Laos (Vientiane) a reçu cette prédiction au cours de son voyage à Malestroit, en 1935. Mais il n'a rapporté cette conversation que 23 ans plus tard, dans son attestation du 5 mai 1958, n° 214.

Je soussigné, Chotard Fernand, Missionnaire Oblat de Marie Immaculée, du Vicariat Apostolique de Vientiane (Laos), certifie authentiques les faits suivants :

J'ai commencé à être mis au courant de la vie extraordinaire de Sœur Yvonne-Aimée en 1925, par Mademoiselle Germaine Piacentini qui était intime amie de ma mère.

Désigné pour les Missions du Laos en Indochine, en 1935, je fis un voyage à Malestroit où j'eus la faveur d'être reçu et pus m'entretenir avec Mère Yvonne-Aimée. Elle me parla longuement des Missions, promit de s'intéresser à la Mission du Nord-Laos qui débutait. Puis elle me demanda subitement ce que je savais sur sa vie à elle. Je le lui dis. Elle me répondit :

— Vous en savez beaucoup. Je vous demande le secret le plus absolu de mon vivant, en France et surtout en Indochine. Après ma mort, tant que vous voudrez !

Puis elle me parla de ma mère, promit de la soutenir et la réconforter. Et elle ajouta :

— Soyez sans crainte, vous la reverrez, votre Maman. Vous la reverrez une fois mais pas deux.

Cette prédiction devait se réaliser à la lettre. Je revins en congé, en France, en 1946, et pus revoir ma Mère pour la 1re et la dernière fois. Elle fut rappelée à Dieu le 27 décembre 1949[1].

1. Il revit Sœur Yvonne-Aimée en 1947 et lui posa cette question :
— Croyez-vous ma Mère, que la France triomphera du communisme ?
— Très certainement, me répondit-elle, mais auparavant, il lui faudra passer par une très dure épreuve, elle sera occupée à nouveau et souffrira beaucoup.
— Par rapport à l'occupation allemande, croyez-vous, ma Mère que ce sera pire ?
Elle répondit :
— Comparé à l'occupation allemande, ce ne sera rien du tout, à peine le quart en durée ; mais en atrocité ça dépassera tout ce qu'on peut imaginer.
Puis elle ajouta avec son sourire que je revois toujours :
— Mais le Seigneur Jésus triomphera.
On ne peut rien dire sur cette prémonition qui n'a pas eu sa réalisation, et qui n'est rapportée que onze ans après la conversation. Il serait vain d'épiloguer.

16

Mort prochaine de Monseigneur Tréhiou [1]

Lettre de l'Evêque lui-même à Yvonne
sur carte à en-tête, 21 décembre 1940 (n° 99)

Une lettre, malheureusement perdue, d'Yvonne à Mgr Tréhiou semble avoir prédit son proche déclin que rien n'annonçait. Sur une carte de correspondance où il parle de lui-même à la troisième personne, il répond avec étonnement :

L'ÉVÊQUE DE VANNES
trouve votre lettre en rentrant de la cathédrale où s'est faite l'ordination. Et il apprend — par vous — *qu'il est souffrant !!!*

Mais priez cependant, non seulement pour que le Seigneur me garde mes forces, — si tel est son bon plaisir, mais pour qu'il garde aussi notre séminaire et notre diocèse.

Je ferai mon possible pour passer à Malestroit avant le 1er janvier 1941, afin de vous offrir mes vœux les plus fervents.

Hippolyte, Evêque.

1. « IL FERA SON SEMINAIRE. »
Une page volante d'Yvonne-Aimée, en date du 16 juillet 1934, n° 318, dévoile le côté difficile de ses relations avec Mgr Tréhiou, et l'assurance qu'elle reçut (au cours d'une apparition) que le séminaire au sujet duquel il avait des soucis, se réaliserait. Elle note ainsi son dialogue avec Notre-Dame, au cours de cette apparition :

— Tu as le cœur meurtri avec Monseigneur. Il ne sait pas, et tu aurais dû oublier tout de suite ta meurtrissure. Contente-toi de faire ce que tu peux (...)

— Il croit, Mère chérie, que je peux lui donner pour son Grand Séminaire. Je viens de dépenser près de 400 000 francs pour ses prêtres, mais je ne sais s'il s'en rend compte, car il tient à ce que je lui donne une cellule et (Tu le sais) je n'ai plus rien et n'ai même plus de quoi payer la bâtisse. L'autre jour, je lui ai donné 1 000 francs parce que je n'avais plus que cela. Mais mon pauvre don n'a même pas eu l'air de lui faire plaisir.

— Ma petite enfant, il a fait plaisir à mon Divin Fils, qui a vu tes sentiments. Laisse passer le reste et ne te lasse pas d'être bonne. Tes prières ont fait plus pour le grand séminaire que l'apport d'une cellule. Monseigneur n'a rien à craindre. *Il fera son séminaire,* mais, pour te faire plaisir, je te donne ces 15 000 francs, et tu diras à ton Père évêque que je la désire sous le vocable de Notre Dame du Mont Carmel. Tu lui diras que c'est « une amie des Augustines de Malestroit » qui la donne.

Monseigneur Tréhiou ne put faire la visite annoncée. Le « 1er janvier, à la fin des Vêpres », il est « frappé de congestion cérébrale » et meurt le 9 janvier.

On n'a malheureusement pas retrouvé la lettre dont l'évêque résume le pronostic avec un étonnement ponctué de 3 points d'exclamation.

17

Entrée en guerre de l'Amérique
Prémonition de 1940, relatée en 1985

Lettre d'Andrée Labéraudrie (28 août 1985)

Octobre 1940. Nous devions loger 3 sous-officiers allemands. Deux sont rapidement déplacés. Reste le 3e : Sofner.

Comme nous avions refusé de donner nos clés, je dois être là pour lui ouvrir la porte aux heures dites. D'où quelques conversations, dans le vestibule.

J'écris à Yvonne tout ce qui se passe à la maison. Un jour, Yvonne est de passage avec sœur Marie-Odile. Elle me dit :

— Je voudrais bien le voir « ton« Sofner.

— Très facile, il va arriver tout à l'heure.

Coup de sonnette, c'est lui : Il trouve dans le vestibule 2 grandes religieuses : stupéfaction, présentation et conversation sur les événements.

Poliment, mais nettement, Sofner affirme :

— France, Kapout ! finie ! Bientôt Angleterre kapout aussi. Ya ! Guerre bientôt finie, ya, ya Ich, retour Allemagne, ya.

Et Yvonne, tranquillement, mine de rien, risque :

— Et... Amérique ?

Sofner s'arrête net, stupéfait :

— Amérique ? Amérique ? Pas Amérique ! Pourquoi Amérique ? Pourquoi Amérique ? Pas Amérique !

Observation : « Perspicacité ou prémonition ? » se demande Andrée Labéraudrie. A cette date, en tout cas, l'entrée en guerre de l'Amérique était loin. Nous livrons ce fait pour mémoire dans ce dossier annexe, qui s'étend aux prédictions probables ou secondaires.

Dans le même souci de ne rien omettre, livrons cette opinion (ou prémonition) que formule Yvonne-Aimée dans sa lettre à Mère Saint-Augustin de Lannion, inquiète d'un plan d'évacuation prévu pour le cas où les Alliés débarqueraient en Bretagne :

Je ne crois pas que vous ayez à redouter une évacuation complète. Je ne crois pas que les Américano-Anglais débarqueront en Bretagne. S'ils essaient par chez nous quelques coups de main, je crois qu'ils tenteront quelque chose de plus sérieux vers le nord. (Lettre d'Yvonne-Aimée, 21 ? mars 1943, n° 190).

De fait le débarquement aura lieu en Normandie, plus au nord, le 6 juin de l'année suivante.

18

Les Etats-Unis d'Europe
Prémonition de 1941 en voie de réalisation depuis 1950

Le diaire de l'Abbé Labutte, (21 avril 1941, n° 148), durant son séjour à Malestroit après son retour de captivité, contient une autre prémonition relative à la formation de l'unité européenne.

Yvonne-Aimée avait prêté à l'Abbé Labutte Mein Kampf, *qu'elle venait de lire non sans trouble à l'heure du plus grand prestige d'Hitler. En le lui rendant, il lui dit :*

— L'Allemagne antique des forêts et des brouillards, l'Allemagne des burgs et des chevaliers teutons..., l'immense poésie qui se dégage de ces pays pauvres et froids... tout cela, saisi par Hitler, exprimé, magnifié par lui... oui quelle grandiose construction humaine, quel empire frémissant de vie, de chants, de travaux, de poésie.

Mère Yvonne-Aimée m'écoute en silence. Elle acquiesce, elle semble un peu embarrassée. Mais peu à peu elle remet, avec une infinie douceur, les choses au point.

— Oui, dit-elle, tout cela est grandiose... emballant... mais la base en est bâtie sur l'erreur de la race, une erreur d'orgueil national. Hitler a épousé cet orgueil. Il est l'incarnation de l'orgueil de la race germanique... Dieu ne peut pas bénir ce qui est fondé sur l'orgueil (...) Dieu n'aime pas ce qui n'est pas droit.

Comment à l'heure actuelle collaborer ? La collaboration suppose l'égalité des partenaires. Or l'Allemagne veut collaborer tout en imposant sa volonté, tout en commandant. L'armistice, ils ne le respectent même pas. Voyez cette annexion déjà faite de l'Alsace et de la Lorraine, ce pillage systématique de nos ressources, ces étiquettes menteuses, collées sur nos pommes de terre « importées d'Allemagne », cette censure de la presse oblige les journalistes à signer des articles contraires à leur pensée (...) L'œuvre d'un Hitler s'écroulera. Mais je suis persuadée que les bons éléments qu'elle renferme (comme toute erreur) subsisteront... Je crois qu'après la guerre il y aura collaboration... Etats-Unis d'Europe.

Cette prémonition est moins probante que beaucoup des précédentes. Elle pourrait s'expliquer par l'analyse lucide et l'espérance d'un cœur généreux. Elle transcende en quelque manière les perspectives dramatiques de la guerre, et cela dans une période où Yvonne-Aimée, au seuil des plus grandes épreuves et difficultés de sa vie, connut des lumières et grâces d'exception. Le coup de projecteur dont elle éclaire l'après-guerre et la naissance de l'Europe s'inscrit bien dans la ligne de cette mission pour laquelle elle s'était offerte comme victime, dès le 30 novembre 1923, puis 4 mars 1924. Cette oblation, en réponse à une demande de Jésus, semble avoir été liée à une sorte de mission face au raz de marée du péché du monde, au seuil d'un grand cataclysme mondial. Elle a eu le sentiment de jouer un rôle mystique dans le Corps du Christ, au service d'un dessein de Miséricorde et de paix. C'est dans ce cadre que ses paroles du 21 avril 1941 prennent un sens.

POUR MÉMOIRE
PRÉMONITIONS ACCESSOIRES

Nous n'avons pas voulu encombrer ce dossier de prémonitions vagues, incertaines ou incontrôlables.

Par acquit de conscience, en voici quelques-unes, plus ou moins convaincantes... « ne pereant fragmenta ».

1. Le 2 novembre 1923
Sur la naissance des deux petites Daversin
Lettre d'Angèle Mabin à Mère Madeleine, n° 662

Yvonne [...] a été heureuse d'avoir des nouvelles de son Couvent. Non, avant de lire votre lettre, je ne savais pas encore l'existence de Mesdemoiselles Madeleine (est-ce vous la marraine ?) et de X... [Armelle : Angèle ignore encore le nom] Daversin.

Cependant, quelques instants avant de lire votre lettre, Yvonne B[eauvais] nous disait qu'elle avait rêvé, la nuit précédente, que le docteur Daversin avait deux petites filles, et que Mère Marie-Anne était à l'infirmerie.

Votre lettre confirmait ces deux nouvelles. C'est curieux, n'est-ce pas ? Pauvre docteur Daversin, je le plains tout de même [Angèle trouve que deux jumelles, c'est sans doute une trop lourde bénédiction, car il est déjà malade].

La lettre de Mère Madeleine annonçant les deux nouvelles : naissance des deux jumelles et hospitalisation de Mère Marie-Anne, n'a pas été conservée.

2. Le 12 mars 1928
Proche venue de 5 postulantes en 1928
Compte rendu de Mères Marie Alphonse et M. de l'Eucharistie

Les deux religieuses qui écrivent le texte qui va suivre sont Filles de la Croix, Mère Marie Alphonse étant la tante de Sœur Marie de la Trinité. Elles ont visité toutes deux Malestroit et ont assisté à une extase pendant laquelle Yvonne-Aimée exprimait ses prémonitions.

Son regard errait alors vers le plafond, elle semblait chercher quelqu'un... puis il s'abaissa, et nous la vîmes causer quelques instants (à son père [Monsieur Beauvais, † 1904, avec qui elle eut une autre communication], probablement)... puis, elle se tourna vers la droite et parut entrer en conversation avec un autre personnage :

— C'est Mère Saint Jean ? dit Mère Madeleine.

Un signe affirmatif.

— Embrassez-la de notre part...

Et elle se souleva et tendit la tête comme pour embrasser.

— Demandez-lui des postulantes.

Elle sembla regarder devant elle et compta :

— 1, 2, 3, 4, 5. Oh ! Elle n'est pas bien grande celle-là !

Puis, les regardant à nouveau, son regard se fixa sur l'une :

— Ce sera quelqu'un !

Comme on ajoutait :

— Et la sixième ?

Elle recompta sur ses doigts, s'arrêtant à cinq...

Réalisation

Il n'était pas entré de postulante depuis le 4 octobre 1927. Les 5 postulantes annoncées sont entrées les :
16 juin 1928 : Marie Benigna, qui n'a pas persévéré,
8 septembre 1928 : Georgette Tranchant, Sœur Marie de St René,
29 septembre 1928 : Henriette Rouault, Sœur Marie de Bon Secours,
15 octobre 1928 : Marie Josèphe Le Bayon, Sœur Marie Xavier,
7 novembre 1928 : Simone de Lignières, Sœur Marie Armelle de Jésus.

Cela fait bien, en tout, cinq postulantes pour l'année 1928, à des intervalles rapprochés, après huit mois sans postulante.

3. Le 13 janvier 1929
La maladie de Mère St Augustin à Lannion
Lettre à cette religieuse, n° 21

Combien je suis peinée de vous savoir souffrante. Je le pressentais.

La veille [du jour où vous êtes tombée malade], je l'avais dit à Sœur Marie-Madeleine. J'avais fait un rêve, et je vous avais vue au lit, et j'avais pensé, et prié pour vous, à peu près toute la nuit, car je ne pouvais dormir, étant moi-même assez fatiguée.

Nous donnons ce texte pour mémoire, n'ayant pas trouvé la lettre qui atteste la maladie. De toute façon, Yvonne n'a rédigé cette prédiction que post factum.

4. Le 16 ou 17 février 1931
La proche visite du P. Ludovic Baron OSB
Sa déposition à la Session 55 au PO de Vannes fol. 335-336

Je l'ai connue personnellement à Malestroit même, le 16 ou 17 février 1931, lors d'une visite occasionnelle au Monastère des Augustines. J'avais

été invité à imposer les Cendres. J'arrivai la veille vers cinq heures. La Supérieure, Mère Marie-Anne me dit :
— Vous ne pourrez pas voir Sœur Yvonne-Aimée ce soir, [...] nous avons dû, cet après-midi, lui changer trois fois son linge, tellement imbibé de sang qu'on pouvait l'étreindre.

Le lendemain, fraîche et dispose, Sœur Yvonne-Aimée recevait les Cendres et me faisait visiter, avec la Supérieure, la nouvelle clinique. A mon départ, le soir vers 5 heures, comme je lui disais que je ne la reverrais pas de sitôt, parce que les Bénédictins sortent rarement, elle me répondit :
— Nous ne tarderons pas à nous revoir.

Je quittai le Monastère, et me rendis à Sérent, chez ma mère ; et, trois jours après, j'étais frappé d'une pneumonie double, qui me tint plusieurs journées dans le coma. Lorsque le docteur me trouva mieux, il m'ordonna d'entrer en clinique immédiatement. Je fus donc transporté à Malestroit. J'étais depuis quelques minutes dans ma chambre quand on frappa à ma porte. C'était Mère Yvonne qui venait me rappeler :
— Qu'est-ce que je vous avais dit ?

Je restai à la clinique environ six semaines.

5. La Présidente du Conseil de l'Ordre
Prémonition du 5 juillet 1937, réalisée en 1938

Le 5 juillet 1937, Mère Marie-Anne de Jésus Saillour, note sur son diaire (un carnet cartonné orange) :

Soirée au n° 3, pour rappeler celle du 5 juillet 1922, [où Yvonne Aimée avait eu ses premières grâces, 15 ans auparavant].

Notre Mère était rayonnante de désirs et d'amour pour le Seigneur Jésus. Un peu après 9 heures, elle est entrée en extase (...), elle était belle, transfigurée. Au bout de quelques minutes, elle a commencé à parler avec un interlocuteur invisible (...)

Elle a semblé regarder attentivement quelque chose, puis a dit :
— Dans deux ans, 1939. (Carnet du lundi 5 juillet 1937, n° 333).

Sœur Marie de Bon Secours Rouault a noté ce que lui a dit Mère Marie Anne (dont les notations écrites sont incomplètes et sporadiques). Elle a retenu seulement ce point qui l'avait frappée, avec l'interprétation qui est sans doute celle de Mère Marie Anne :

Prieure Générale pour 1939 ! (Notes du 5 juillet 1937, n° 335).

L'expression « prieure générale » est approximative. Mère Yvonne-Aimée, supérieure locale de Malestroit, fut élue Présidente du Conseil de l'Ordre, *dès 1938, et* Supérieure générale, *en 1946. Cette prémonition trouve un recoupement dans la lettre de Mère Yvonne-Aimée à Mère Marie-Anne, le 5 janvier 1939, durant son voyage à Lyon :*

J'ai fait un drôle de rêve cette nuit. Il y avait autour de mon lit, huit petits démons qui me disaient :
— Nous t'en ferons voir en 1939. (1939, n° 16).

Mais cette dernière prémonition se rapporte non à l'élection de Présidente du Conseil de l'Ordre, en voie de Fédération, mais au périlleux voyage au Canada, menacée par les sous-marins au début de la guerre, et aux épreuves de cette guerre.

6. « Une petite fille blonde avec des yeux bleus »
Déposition de Suzanne Favrot, PO Vannes,
19 juin 1957, n° 203

Six mois avant la naissance de mon second enfant, je demandais à Yvonne si nous aurions le fils désiré. Elle me répondit :
— Je vois une petite fille blonde avec des yeux bleus.
Et, effectivement, la prédiction s'est réalisée à la lettre.

Yvonne prédisait à l'encontre des désirs de sa sœur qui l'interrogeait.

7. Jacques Favrot, Maire de Saulges
Même référence du 19 juin 1957, n° 203

La prédiction est de 1948, mais Suzanne Favrot ne la rapporte qu'après réalisation :

En 1948, Mère Yvonne-Aimée m'a annoncé que mon mari serait désigné comme maire de Saulges « aux prochaines élections ». Cette année-là, mon mari n'a été élu que conseiller municipal. Mais, en 1954, il a été effectivement élu maire, avec [les voix de] 12 conseillers sur 13 de sa liste, alors que, depuis 29 ans, la municipalité était à gauche.

Récapitulation des principales prédictions par ordre chronologique de réalisation

* Indique les prédictions attestées par un autographe d'Yvonne Aimée.

	Objet de la prédiction	Page	*Vie* page	Date		Délai
				Prédiction	Réalisation	
1915	Mademoiselle Rodi sera carmélite	97		1911	1915	4 ans
1922	* Les colombes blanches (les sœurs confiées à Yvonne : ses conseils commencent le 30 août)	29		06.22	30.08.22	3 mois
		31-32		18.08.22	30.08.22	
1923	* Elections à la Communauté	40-41		01.05.23	01.05.23	1 nuit
1924	Une postulante musicienne entrera	83		18.08.22	04.07.24	2 ans
	* Confesseur écarté	40	110	01.05.23	10.24	1 an 1/2
		55	—	26.09.24	10.24	1mois
	* L'exorciste aux yeux bleus : J. de Tonquédec	59-60	103	03.11.24	19.12.24	1 mois 1/2
	* M. Madeleine du Calvaire, Supérieure déposée	98		03.10.24	06.10.24	3 jours
1925	* Mort de Mère Marie de Jésus	101		13.03.25	23.06.25	3 mois
	* Sacre de Mgr Picaud, en présence d'Yvonne	31		18.10.22	01.07.25	3 ans
	* Mort de Madeleine de Beauvais	103		09.07.25	16.07.25	7 jours
	Rencontre de l'Abbé Labutte	48		01.08.23	25	2 ans
1927	* Entrée d'Yvonne à Malestroit : mars 1927	105	123	22.07.26	18.03.27	9 mois
		105	123	13.09.26	18.03.27	6 mois
		105		20.09.26	—	—
		105		26.09.26	—	—
	* « Je m'appellerai Aimée de Jésus »	105	123	13.09.26	10.09.27	1 an
	Avant de mourir, elle verra le ciel	90	129	20.10.25	02.12.27	2 ans
	L'aide du ciel pour la clinique :					
	* Un « signe » sera donné	114	132	10.04.25	12.27	2 ans 1/2
	* Les capitaux viendront	115	129	06.06.26	—	1 an 1/2
	par des amis dévoués : M. Bolloré	65	132	29.03.25	—	2 ans 1/2
	* Ils auront des grâces de miséricorde	65	152	—	16.01.35	10 ans
1928	Désaffection de M. Madeleine	62	133	04.12.24	été 28	4 ans
		63		04.12.24	—	—
		80	—	18.08.22	—	6 ans
		108	—	22.07.26	—	2 ans
	Expansion de Malestroit : 63 sœurs	90		20.10.25	1928	3 ans
1929	* Le futur évêque, grand, fort et favorable : Mgr Tréhiou	48	154	01.08.23	1929	5 ans 1/2
	* Désaffection et hostilité de l'Abbé Bruneau	111	134	10.28	1929	6 mois
	* Renouvellement des bâtiments : couvent et clinique	49	132	01.08.23	1929-1930	6 ans
	* Mort de Mère Madeleine :					
	* Dans un mois, tu souffriras	72	136	04.06.29	04.07.29	1 mois
	Elle mourra à 52 ans 1/2	99		18.10.24	04.07.29	5 ans
	* Expansion du recrutement à Malestroit	65		29.03.25	1930-1931	5 ans
	66 sœurs à la Communauté	89		20.10.25	1929	4 ans
1930	79 sœurs à la Communauté	89		20.10.25	1930	5 ans

Objet de la prédiction	Page	*Vie* page	Date		Délai
			Prédiction	Réalisation	
1931 81 sœurs à la Communauté	89		20.10.25	1931	6 ans
* Mère Michaël, amie et soutien	117		19.08.26	04.31	5 ans
* Sa venue à Malestroit	74		04.06.29	27.04.31	2 ans
* Le parc anglais à Malestroit	47		01.08.23	1931	7 ans
* Les sœurs porteront l'anneau	90		20.10.25	29.09.31	6 ans
Présence du P. Crété à la profession d'Yvonne	47	132	01.08.23	29.09.31	8 ans
Le livre des futures Constitutions	58		26.09.24	09.11.31	7 ans
* « En 1931 »	58		26.10.24	09.11.31	7 ans
« Le Couvent n'a plus la même Règle »	90		20.10.25	09.11.31	6 ans
* Mgr Picaud sera évêque de Bayeux-Lisieux	31		18.10.22	1931	9 ans
Relations futures avec Mère Stanislas	120		26.02.24	23.11.31	7 ans 1/2
1932 Premières responsabilités : Maîtresse du Juvénat : * (Les colombes blanches)	31	145	18.10.22	05.32	9 ans 1/2
1935 * « Supérieure, tu le seras »...	73	152	04.06.29	02.05.35	6 ans
« Jeune supérieure » (avec dispense d'âge)	87	—	20.10.25	—	10 ans
* Tricentenaire (prélats noirs, blancs, violets)	48	154	01.08.23	08.35	12 ans
Affluence du Tricentenaire	87	—	20.10.25	08.35	10 ans
1938 * Voyage en Afrique : « parcourant les mers »	36	157	28.10.22	02.38	15 ans 1/2
1939 * Voyage au Canada : « parcourant les mers »	36	161	28.10.22	08.39	17 ans
* Voyage au Canada : le bateau menacé	38	—	—	05.10.39	17 ans
* Guerre mondiale en « 39 »	37	167	28.10.22	03.09.39	17 ans
1940 * Aide aux prêtres et prisonniers	51		29.09.23	1940	17 ans
* Malestroit grandit jusqu'à la gare	90		20.10.25	1930-1950	
Mort prochaine de Mgr Tréhiou	128		[20].12.40	09.01.41	21 jours
1941 * La Croix d'Ivoire donnée à Yvonne	30	165	18.10.22	05.07.41	19 ans
Le P. Crété réhabilité comme confesseur	41	169	01.05.23	07.41	18 ans
GUERRE MONDIALE :					
* « Feu sur la terre »	37	167	28.10.22	1941-1945	19 ans
* Cylindres sur les villes : « Hommes habillés de vert »	50	167	29.09.23		18 ans
* Voyages d'YA pendant la guerre, malgré la clôture	50		29.09.23	1941-1945	18 ans
1942 * « Un petit évêque... paraissait souffrir », maladie de Mgr Picaud	48		01.08.23	1942-1943	20 ans
Intervention américaine	130		28.10.40	08.11.42	2 ans
1943 * Incarcération et libération	31	167	18.10.22	17.02.43	20 ans + 4 mois
Doute du P. Crété	85	169	05.03.24	15.03.43	19 ans
* Mort du P. Datin	41		01.05.23	26.03.43	20 ans
* La grande Epreuve, un accusateur : « coup de stylet »	38	168-77	28.10.22	03.43	20 ans 1/2
* Il te dira fausse mystique, créature de péché	44	—	06.07.23	03.43	20 ans
* Ce sera en un « temps de calamité » (la guerre)	44	—	06.07.23	03.43	20 ans
* Je serai calomniée	66	—	29.03.25	03.43	18 ans
* Menace des tribunaux : Nous la ferons condamner	55	—	26.09.24	—	19 ans
* Les créatures te persécuteront	111	—	23.07.22	—	21 ans
Les carnets retrouvés : Preuves irréfutables	73	173	04.06.29	17.05.43	14 ans
* Le P. Crété à Malestroit à « 75 ans »	39	174	28.10.22	06.43	21 ans

Objet de la prédiction	Page	*Vie* page	Date		Délai
			Prédiction	Réalisation	
Mort du P. Crété	x	177	06.07.43	15.07.43	9 jours
* Les Augustines au Foyer	64	167	01.02.25	10.43	18 ans
1944 * Protection de la ville de Bayeux	70		25.03.29	06.44	15 ans
* Protection de Malestroit	38	181	28.10.22	06.44 08.44	22 ans
1945 * Légion d'Honneur (remise par de Gaulle)	69	183	25.03.29	22.07.45	16 ans
1946 * Election de Supérieure générale	73	191	04.06.29	21.08.46	17 ans
* Le Généralat dans la pièce aux meubles bretons	74	193	04.06.29	1946	17 ans
* Yvonne au « n° 3 » : Retour aux sources	44	193	06.07.23	21.08.46	13 ans
Un voyage à Rome-Audience de St Père	122	192	1933-1935	04.12.46	11 ans
Père Chotard : reverra sa mère une fois	127		1935	1946	11 ans
1947 * Mort de Sr St Paul	75	193	04.06.29	08.01.47	18 ans
* L'aide de Mgr Duchemin qui vient à Malestroit en 1947	74		04.06.29	1946-1947	17 ans
1949 * Décoration devant la clinique. 4 ou 5 médailles (elle reçoit la 6ᵉ) au milieu des Sœurs dont elle est la Mère	69	183	25.03.29	07.08.49	20 ans
Les Etats-Unis d'Europe	132		04.41	Conseil : 1949 Parlement : 1973	en cours
1951 * Sa propre mort : « Le ciel ?... il est loin »	126	205	29.09.23	03.02.51	27 ans
Sa mort subite	90		1938	—	13 ans
« La souffrance la fera mourir autant morale que physique »	89		20.10.25	03.02.51	26 ans
Défilé pendant 5 jours (3-7 février)	89		20.10.25	08.02.51	26 ans
Les pleurs et les fleurs	89		20.10.25	08.02.51	26 ans
Sa tombe	20		28.12.27	08.02.51	24 ans
1958 * L'Indulgence Universelle	125		02.01.34	12.12.58	24 ans

NB : Ce tableau récapitule les principales prédictions — non celles de l'annexe « pour mémoire », ou des notes, qui sont mineures ou discutables.

Note explicative de la récapitulation chronologique des prédictions

Chronologie des prédictions

Nous avons donné, jusqu'ici, les prédictions dans l'ordre chronologique d'*émission*. La méthode historique l'exigeait, elle exigeait aussi que les prédictions soient présentées en 4 séries homogènes :
1. prédictions autographes dans les lettres au Père Crété,
2. puis dans le carnet de 1929 ;
3. rêves éveillés ou délires prémonitoires ;
4. enfin les autres prédictions : de nouveau selon l'ordre chronologique d'émission.

Nous avons vu ainsi l'activité prémonitoire d'Yvonne surgir, en juin 1922, à l'heure où sa vocation et sa vie mystique recevaient leur essor, puis nous avons vu cette activité se raréfier, sinon tarir (sans pouvoir préciser dans quelle mesure ce charisme a disparu, dans quelle mesure son expression s'est faite plus rare ou plus discrète).

Cet ordre chronologique d'émission permet de saisir la dynamique intérieure de ces prémonitions : l'irruption nouvelle de Dieu dans sa vie pour des missions cohérentes.

Les prédictions jouent dans cette vie un rôle fonctionnel. Elles préparèrent Yvonne
— à ses missions,
— aux épreuves qu'elle subira au-delà de toute imagination,
— à l'espérance nécessaire pour une vie hors du commun.

Elles créèrent chez ceux qui collaboraient avec elle la confiance nécessaire à de difficiles projets. A long terme, la réalisation de ces prédictions, apparemment absurdes, rendront confiance à ceux qui doutaient d'elle : notamment le Père Crété, lorsqu'il retrouva, en 1943, les 14 lettres de 1922-1925.

Bref, ces prédictions soutinrent le développement organique de la vie et de l'œuvre qu'elle accomplissait.

Chronologie des réalisations

Notre classement chronologique selon la succession des *prédictions* demande à être complété par l'ordre de succession des *réalisations.*

Les délais entre prédictions et réalisations sont des plus variables : de quelques heures (p. 40) à une vingtaine d'années pour les prédictions concernant la guerre, et à 26-27 ans concernant sa mort. Il n'y a donc pas de parallélisme entre les deux séries. Leur cohérence est d'un autre ordre qui relève de la gratuité, non d'un processus qui devancerait le temps.

Le fil chronologique des réalisations commence peu après celui des prédictions. La première en date (juin 1922) : les « colombes blanches » (les sœurs de Malestroit confiées à Yvonne) commence à se réaliser dès le 30 août de la même année, lorsque Yvonne reçoit une claire vue des déficiences personnelles ou communautaires de Malestroit, avec mission d'y remédier. Elle devient ainsi, par ses conseils, le guide inspiré de la communauté, avant d'en être élue officiellement supérieure.

Les prédictions organiquement liées à une mission

Une importante série de prémonitions concerne son entrée à Malestroit, en « mars 1927 », malgré des oppositions apparemment irréversibles : puis les signes qui feront tomber l'opposition de l'évêque aux projets rénovateurs de la nouvelle clinique (1927 également).

Elle entrevoit, dans cette même ligne :

— L'expansion de la Communauté (ses effectifs croissants : 66 en 1929, 79 en 1930; 81 en 1931...), le renouvellement des bâtiments et du jardin (parc anglais), voire du cimetière (p. 20, note).

— Les rôles qu'elle jouera à la table de l'évêque, comme secrétaire du Chapitre pour la révision des Constitutions (1931), comme Supérieure locale (1935), comme Présidente du Conseil de l'Ordre (1938), puis première Supérieure générale des *Augustines de la Miséricorde de Jésus* (1946), ainsi que les voyages au service de la Fédération, notamment les deux périples trans-océaniques : Canada et Afrique du Sud. Elle s'en étonne puisqu'elle avait choisi le confinement du cloître.

Nombre de prémonitions concernent ses relations humaines avec la Communauté qu'elle rénove : ceux qui l'aideront (notamment Mgr Picaud), et ceux qui l'éprouveront (Mère Madeleine 1928, l'Aumônier Bruneau : 1929, l'accusateur de 1943), ceux qui lui seront fidèles et ceux qui se retourneront contre elle ou dont elle sera séparée par l'autorité (le Père Crété, son confesseur, 1925). Elle entrevoit :

— les évêques : Picaud, Gouraud et Tréhiou, son successeur, dans leurs oppositions ou leur aide,

— les prêtres : le père de Tonquédec : l'exorciste aux yeux bleus; l'abbé Labutte, avec qui elle aura des liens spirituels profonds; l'abbé Bruneau, le Père Crété, Mgr Duchemin et le Père Abbé de Solesmes.

— les religieuses avec lesquelles elle aura des liens particulièrement importants : Mère Madeleine et Mère Michaël, voire Mère Stanislas.

— selon une sélection plus gratuite, elle entrevoit la mort de quelques personnes : Marie-Louise Stiltz et Mademoiselle de Beauvais († 1925) ; Mère Madeleine († 1929) ; le Père Datin († 26 mars 1943) et le Père Crété († 15 juillet 1943) ; sœur Saint Paul († 1947), quelques mois après son élection de supérieure générale ; et sa propre mort en 1951.

Elle entrevoit aussi la grâce mystique majeure du 5 juillet 1941 (le mariage spirituel après les fiançailles spirituelles du 5 juillet 1922 semble-t-il) et le signe reçu alors : la croix d'ivoire, en contrepoint avec la grande épreuve de 1943, dont l'ombre revient souvent dans le tissu des prédictions.

Elle entrevoit aussi l'expansion de Malestroit (milieu géographique et vital de sa Communauté) : sa croissance « jusqu'à la gare » et sa protection pendant la guerre ; celle aussi de Bayeux : l'évêché de Mgr Picaud : Bien que située à 10 km du lieu du débarquement, cette ville échappera à toute destruction en 1944.

Longtemps à l'avance (1923), elle entrevit la guerre mondiale (1939-1945) : l'invasion de soldats habillés de vert (bien avant que les allemands aient adopté cet uniforme) et le bombardement des villes. Elle perçut, avec une étonnante précision, la gloire qui couronnera visiblement son action pendant la guerre. Ces fastes ne furent que le surcroit de son offrande mystique (faite de longue date), pour le salut de la France et du monde en perdition. Des nombreuses décorations qui lui seront remises de 1945 à 1949, c'est la dernière qu'elle entrevoit : celle qu'elle reçut le 7 août 1949, au milieu de la Communauté, et pour cette Communauté, puisque la Croix de guerre décorait, ce jour-là, la clinique tout entière.

Nous ne majorerons pas les prémonitions (intuitives ou prophétiques ?) qu'elle exprima sur la manière dont finirait la guerre et la réconciliation franco-allemande (si peu pensable alors) dans une Europe unie.

Ces prédictions sont des signes ponctuels, disparates, mais organiquement bien implantés dans sa vie et dans la dynamique de sa mission. Yvonne n'a point reçu la relation pré-établie d'une « histoire avant l'Histoire », mais seulement quelques repères négatifs ou positifs, parfois étonnament concrets et précis, voire chiffrés ou balisés d'initiales exactes. Ces anticipations obscures, qui devinrent lumière à des heures tragiques, étaient destinées à soutenir son inspiration et sa patience, à donner aux autres une évidence plus manifeste de la mission qui lui était confiée. Ces prédictions concernent le plus visible de son œuvre, et indiquent, de manière moins vérifiable, la mission plus profonde et plus secrète qui fut la sienne : aider et protéger la France, ranimer la prière et l'amour du Christ près de tant d'hommes et de femmes dans un monde en crise.

Tout cela s'éclaire en référence à cette offrande d'elle-même qu'elle fit, pour le salut de la France et du monde, parvenus au seuil d'une grave épreuve : la guerre mondiale. Tel est déjà le programme austère du pacte de ses 9 ans, écrit de son sang. C'est cette offrande sans réserve, cet élan inspiré au-devant de la souffrance et du martyre, pour « sauver beaucoup d'âmes » et sauver le monde, qu'elle reprendra, développera, accomplira, durant toute sa vie. Ses prédictions furent le soutien de cet engagement mystique dont l'essentiel se situe au-delà des prises de l'histoire.

Le présent ouvrage sur Mère Yvonne-Aimée est publié à la suite des contacts établis avec la Congrégation de la Foi, et en vertu des réponses suivantes, adressées par le Cardinal Ratzinger à l'Evêque du lieu et à l'auteur, le 9 juillet 1986 :

Monsieur le Chanoine,

A la suite de notre ample correspondance au sujet de la sœur Yvonne-Aimée et après la publication de sa biographie, je vous informe aujourd'hui que ce dicastère vous autorise à faire paraître, sous votre propre responsabilité, les autres ouvrages concernant la vie et les écrits de cette religieuse, restant saufs les droits ad normam juris *de l'Ordinaire du lieu en la matière.*

Lettre à l'Abbé Laurentin, Prot n° 336/55

Excellence,

Je me permets de vous envoyer ci-joint pour opportune connaissance, la lettre que la Congrégation de la Foi adresse à Monsieur le Chanoine R. Laurentin par laquelle elle l'autorise à publier les ouvrages concernant la vie et les écrits de sœur Yvonne-Aimée, tout en sauvegardant les droits de votre Excellence, quant à l'Imprimatur.

Je vous serai reconnaissant de bien vouloir la transmettre à l'intéressé.

Lettre à Monseigneur Boussard, Prot n° 336/55

C'est en vertu de cette autorisation spéciale que le présent ouvrage est publié avec invitation à la prudence et au sérieux nécessaires en matières délicates. Nulle autre publication sur Mère Yvonne-Aimée n'est autorisée sans la permission de cette Congrégation et de l'Evêque du lieu.

IMPRIMATUR

P. A BOUSSARD

Evêque de Vannes

le 12 novembre 1986

TABLE DES MATIÈRES

INTRODUCTION

DOCUMENTS

NOTES HORS TEXTE

OUVRAGES DU MÊME AUTEUR

L'abbé Laurentin a écrit près de 100 ouvrages. Nous signalons les plus actuels parmi les derniers.

O.E.I.L.

Sur Yvonne-Aimée :
Un amour extraordinaire : Yvonne-Aimée de Malestroit : sa vie, ouvrage de base.

Sur les apparitions de Medjugorje :
Etudes médicales et scientifiques sur Medjugorje.
Medjugorje : Récit et Message.
Dernières nouvelles de Medjugorje n° 5 bis.

Et aussi :
Grignion de Montfort : Dieu seul est ma tendresse : Le secret de Marie.
Vie d'Alphonse Ratisbonne I.
Bernadette et ses juges : Testament d'un historien pour un film sur Lourdes.

Editions du Berger

Medjugorje : Brève histoire des apparitions.

Aux Editions Desclée

Les Evangiles de l'enfance (1983).
Les Evangiles de Noël (1985) : Abrégé et actualisation du précédent.
La Mère du Seigneur : Les beaux textes de deux millénaires.

Aux Editions Pierre Zech (Lethielleux)
12, avenue Sœur Rosalie, Paris

Court traité sur la Vierge Marie (ouvrage de base pour l'Année Mariale 1987-1988).
Visage de Bernadette.
Lourdes, Documents authentiques, 7 volumes.
Lourdes, Histoire authentique, 6 volumes.
Bernadette vous parle, 2 volumes.

Achevé d'imprimer en octobre 1995
sur les presses de la Nouvelle Imprimerie Laballery
58500 Clamecy
Dépôt légal : octobre 1995
Numéro d'impression : 509100

Imprimé en France